Brendan McConvery, C.Ss.R.

SÃO Geraldo Majela

Redescobrindo um santo

Tradução

Pe. Vinícius Ponciano, C.Ss.R.

EDITORA
SANTUÁRIO

Coordenação editorial:
Ana Lúcia de Castro Leite

Tradução:
Vinícius Ponciano, C.Ss.R.

Copidesque:
Luana Galvão

Revisão:
Sofia Machado

Diagramação:
José Antonio dos Santos Junior

Projeto gráfico e Capa:
David Mc Namara, C.Ss.R.

Título original: Saint Gerard Majella

ISBN 978-0-9558906-9-7

Dados Internacionais de Catalogação na Publicação (CIP) de acordo com ISBD

M478s McConvery, Brendan

São Geraldo Majela: redescobrindo um santo / Brendan McConvery ; traduzido por Vinícius Ponciano. - Aparecida : Editora Santuário, 2023.
128 p. ; 20cm x 20cm

Tradução de: Saint Gerard Majella.
ISBN: 978-65-5527-269-7

1. Biografia. 2. São Geraldo. 3. Santidade. 4. Vida de oração. 5. Religião. I. Ponciano, Vinícius. II. Título.

2022-3552 CDD 920
CDU 929

Elaborado por Vagner Rodolfo da Silva - CRB-8/9410

Índice para catálogo sistemático:
1. Biografia 920
2. Biografia 929

1ª impressão

Rua Pe. Claro Monteiro, 342 – 12570-045 – Aparecida-SP
Tel.: 12 3104-2000 – Televendas: 0800 016 00 04
www.editorasantuario.com.br
vendas@editorasantuario.com.br

Sumário

Apresentação à edição brasileira 5

Introdução 13

1. Um santo na família 17

2. Um santo em sua própria terra 27

3. Um santo na comunidade 39

4. Em peregrinação com Geraldo Majela 55

5. Um homem acusado 67

6. Geraldo em suas próprias palavras 77

7. Muito jovem para morrer? 89

8. A lenda de um santo 99

9. Geraldo e o mundo: um santo para as mães, os pais e para todos nós 109

Apêndice – Orando com São Geraldo 117

Apresentação à edição brasileira

Ao apresentar a tradução do livro *"São Geraldo Majela – Redescobrindo um santo"*, do Padre Brendan McConvery, Missionário Redentorista, algumas importantes questões devem ser levantadas: qual é o sentido dos interesses comuns? Como falar sobre as causas e os bens comuns em uma sociedade em que os indivíduos buscam, tão somente, satisfazer seus próprios interesses? Como podemos edificar comunidades em terrenos fortemente marcados pela individualização? Em tempos fluidos, em que a ética é, diariamente, substituída pela estética e os valores religiosos se tornaram irrelevantes, ainda tem sentido continuar falando de santos e santas? Que relevância tem, na atual sociedade *pós-fordista*, isto é, atual mundo líquido-moderno, a vida contemplativa para os indivíduos autônomos e que, por sua vez, não estão dispostos a abdicarem de sua liberdade de escolha? A vida e a missão de São Geraldo Majela podem iluminar e dar sentido para a vida de seus devotos, cidadãos do admirável mundo líquido-moderno? Vivemos em um mundo cheio de possibilidades. Nele, as pessoas querem ver e não mais ouvir. Nesse contexto, o que esse santo tem a nos mostrar?

O Sociólogo Zygmunt Bauman, responsável por uma prodigiosa produção intelectual, em sua obra *Modernidade Líquida*, informa-nos que estamos na era da fluidez. Nesse tempo, seria imprudente negar, ou mesmo subestimar, tem produzido na condição humana profundas mudanças, que, por sua vez, afetam os mais variados aspectos de nossa vida. O advento da modernidade fluida exige de nós, incontestavelmente, um novo despertar e uma autoconsciência, para que possamos compreender como o mundo líquido-moderno funciona, para que nele possamos atuar com responsabilidade, liberdade e individualidade. A Modernidade Líquida nos convoca para a emancipação. Na atualidade fluida, cada indivíduo é um ser particular, dotado de individualidade própria e inconfundível. Em tempos fluidos, cada um está preocupado, tão somente, consigo mesmo. O homem líquido-moderno, por não estar isento de individualismo e de egoísmo, não está disposto a abdicar do "'eu para mim' em prol do 'eu para os outros'" (DOSTOIÉVSKI, 2002, p. 11). Amor e compaixão por todos, à moda dos santos, andam fora de moda no "admirável" mundo. Sem a superação do egoísmo, a vida desse homem pode tornar-se inviável. A vida humana é um valor supremo. "A vida é vida em qualquer lugar, a vida está em nós mesmos e não fora" (DOSTOIÉVSKI, 2002, p. 13).

Em tempos regidos pela fluidez, as pessoas não estão dispostas a tolerar o que dura. Forças deformantes nos colocam em constante movimento e flexibilização. Não há mais estabilidade. O que há é, tão somente, a fluidez. Nessa dinâmica, o que importa é o tempo, e nada mais. A flexibilização e a extraordinária mobilidade nos passam a ideia de leveza. O que vemos na atualidade fluida? Vemos, segundo o Sociólogo Zygmunt Bauman, "a profanação do sagrado, o repúdio e destronamento do passado e, antes e acima de tudo, da tradição" (BAUMAN, 2001, p. 9). O acelerado processo de "liquefação esmagou a armadura protetora forjada de crenças e lealdades" (BAUMAN, 2001, p. 9). Lealdades tradicionais, direitos costumeiros e obrigações que atam pés e mãos se liquefizeram. À luz do cálculo racional, o indivíduo líquido-moderno se liberta dos "grilhões dos deveres para com a família e o lar e da densa trama das obrigações éticas" (BAUMAN, 2001, p. 10). Assim sendo, as relações sociais, as práticas religiosas e outras tantas obrigações morais e éticas encontram-se no ar e impotentes "para resistir às regras de ação e aos critérios de racionalidade inspirados pelos negócios" (BAUMAN, 2001, p. 10).

Na atualidade fluida, tudo – ou quase tudo – tem se tornado irrelevante, ineficaz e volátil. Diante da pluralidade de opções, a liberdade de escolha se amplia cada vez mais sem qualquer perspectiva de uma ponte à vista. O imperativo vigente é garantir a liberdade individual a qualquer preço. Os planos individuais são mais importantes do que os projetos comunitários. O desengajamento e o desencontro são cada vez mais desejados pelos indivíduos líquido-modernos. "O derretimento dos sólidos, traço permanente da modernidade" (BAUMAN, 2001, p. 12), veio derreter os elos que entrelaçam as ações coletivas ou comunitárias para salvaguardar apenas as escolhas individuais. As políticas de vida comunitária estão sendo devoradas pelas de vida que se movimentam à luz do individualismo. Esse *modus vivendi et operandi*, líquido-moderno, a partir do individualismo é "transgressivo e rompedor de fronteiras e capaz de tudo desmoronar" (BAUMAN, 2001, p. 13). Em tempos fluidos, cada qual procura seu próprio nicho e, quando o encontra, trata logo de se acomodar e se adaptar. A liquefação chegou para ficar. Ela é, de fato, a diferença que faz a diferença. Com o advento da liquefação, os velhos e básicos conceitos foram transformados em zumbis, isto é, "mortos-vivos" (BAUMAN, 2001, p. 15).

Com o indivíduo totalmente à solta, semelhante a uma besta sem cabresto, ninguém mais quer assumir os riscos e as responsabilidades. Não existem mais limites. Nem mesmo o céu é o limite. Cada indivíduo está livre para fazer o que quiser. O fato é que a "falta de limites eficazes faz a vida detestável, brutal e curta" (BAUMAN, 2001, p. 27). A natureza social do indivíduo está correndo um forte risco de desaparecer. O número de indivíduos associais está se tornando cada vez mais expressivo. Será possível ser livre, rebelando-se contra a sociedade? "Os homens e as mulheres são inteira e verdadeiramente livres" (BAUMAN, 2001, p. 30), na atualidade fluida. Assim sendo, não podemos negar que a vida comunitária ou social se tornou uma nostalgia perdida ou, se preferir, um paraíso perdido. As instituições sociais e religiosas não controlam mais as iniciativas dos indivíduos. O imperativo vigente é se rebelar contra tudo e contra todos. O sonho comunitário de reacomodar os desacomodados transformou-se em um grande pesadelo. Na era da individualização do ser humano, a comunidade tornou-se um artefato efêmero.

As pessoas, na atual sociedade líquido-moderna, estão investindo muito mais nos projetos individuais do que nos projetos comunitários ou sociais. Dia após dia, é possível perceber que elas estão diminuindo o apetite pela reforma social. Soma-se a isso, lamentavelmente, o desinteresse pelo bem comum e pela sociedade. O que nos resta, na era da individualidade, é o desengajamento político e a decadência da popularidade. Nas palavras do Sociólogo Zygmunt Bauman, assistimos de camarote à "alta dos sentimentos hedonísticos e do 'eu primeiro'" (BAUMAN, 2001, p. 33). Há também uma forte tendência ao autoritarismo e ao totalitarismo. Soma-se a isso a ideia de homogeneidade compulsória. As tendências vigentes ao totalitarismo e homogeneidade, onipresentes, ameaçam o direito do indivíduo, segundo Zygmunt Bauman, "de ser e permanecer diferente" (BAUMAN, 2001, p. 34). As inclinações totalitárias intrínsecas (ou não) atentam contra a autonomia, a liberdade de escolha e a autoafirmação dos indivíduos. Esses três valores devem ser preservados, pois eles garantem e aprimoram o curso da democracia. O fato de estarmos por nossa própria conta não significa que não temos de ter responsabilidades e arcar com nossos atos.

A sociedade líquido-moderna é pautada pela individualização e pela emancipação de seus habitantes. A individualização é uma *práxis* autônoma que veio para ficar. Na lógica da liquefação, os interesses comuns se tornam irrelevantes ou indiferentes. Levando-se em consideração todos os aspectos observados, acerca dos efeitos colaterais da Modernidade Líquida, é imprescindível que todos se conscientizem de que a "individualização chegou para ficar" (BAUMAN, 2001, p. 47); ela se tornou uma *conditio sine qua non*. Assim sendo, precisamos redesenhar, na atualidade fluida, "a quase vazia Ágora" (BAUMAN, 2001, p. 53), isto é, "o lugar do encontro, do debate e da negociação entre o indivíduo e o bem comum, entre o privado e o público" (BAUMAN, 2001, p. 51). Precisamos pensar mais no humano; para tal fim, renunciar a busca do 'eu primeiro' e dos desejos narcisísticos. O dilema entre vida contemplativa e vida ativa continua sendo, na atualidade fluida, bastante acirrado. Nela, somos embalados pelos princípios da tirania, da negligência arrogante e, também, das meras crenças. Com a quebra da "gaiola de ferro" (BAUMAN, 2001, p. 71), cada qual vive a partir de sua própria subjetividade.

De fato, como já é de nosso conhecimento, essa Modernidade é um tempo de derretimento dos sólidos e rompimento de grilhões e algemas. De forma geral, minha resposta para as questões levantadas no início desta apresentação é "sim"; é possível falar de espiritualidade nesta realidade em que vivemos. Quanto às questões que dizem respeito à vida e à missão de São Geraldo, eu lhes assevero que, mesmo em cenários distópicos, como é o nosso atualmente, a vida e a missão redentoristas, vivenciadas e testemunhadas por esse santo, muito nos ensinaram e continuam, evidentemente, ensinando-nos. Creio que a forma de viver de São Geraldo traz muitas contribuições, particularmente, para devotos, mulheres e homens piedosos que vivem no indomável mundo líquido-moderno, fortemente regido por um acelerado processo de liquefação.

A espiritualidade e a essência de São Geraldo não são conhecidas somente pela verbalização. Ao contrário, ambas foram demonstradas pelo santo por meio de seu testemunho de vida junto aos mais pobres e abandonados. Diz Fiódor Dostoiésvski que "a essência do sentimento religioso não se enquadra em nenhum juízo, em nenhum ato ou crime ou nenhum ateísmo" (DOSTOIÉSVSKI, 2002, p. 256). São Geraldo, totalmente seduzido pela essência do sentimento religioso, abdicou de si mesmo e de seu mundo para tornar-se, tão somente, santo servindo com amor e oblatividade aos mais pobres e abandonados de seu tempo. Assim sendo, sempre haverá, mesmo no mundo liquefeito como o nosso, um espaço sagrado, religioso e espiritual. Nele, sempre haverá algo ou alguém diferente. São Geraldo, por exemplo, é um santo que fez e faz a diferença. Ele, tendo no centro de sua vida Jesus Cristo, o Redentor da humanidade, não se deixou ser tragado pelas ideias e pelos ideais "líquidos" de seu tempo, que, embora distante do nosso, partilhava de muitas semelhanças. Na atualidade fluida, tão marcada pelo desinteresse religioso, espiritual e de santidade, a vida e a missão de São Geraldo surgem sempre como um renovado rebento. O *modus operandi et vivendi* desse santo foi, e continua sendo, uma fonte de inspiração, não somente para seus devotos, evidentemente, mas para todos aqueles que acreditam em Deus e compreendem a vida como um dom oblativo.

Sabem-se muitas coisas a seu respeito. No entanto conhecemos muito pouco desse homem que fugiu pela janela de seu quarto para se tornar santo. Ele, creio eu, desde o ventre de sua piedosa mãe, já vivia sua vocação à santidade. Somente Deus é verdadeiramente santo. Mesmo assim, desde o início de sua vida, Geraldo buscou a santidade, não no aspecto ontológico, mas, sobretudo, no aspecto ético. Ele possuía um interesse enorme pelas pessoas mais pobres e abandonadas. Não economizou tempo para socorrê-las em todas as suas necessidades materiais e espirituais. Nele, a santidade não é um estado contemplativo, um estado d'alma, mas é o objetivo da vida cristã. Sempre submisso à vontade de Deus, amou os seres humanos mais pobres e abandonados a ponto de ficar fora de si de tanto amor por eles.

Em São Geraldo, o amor e a santidade têm tudo a ver com pertencer ao outro. A isso chamamos de Encarnação. Assim como Jesus se encarnou no meio de nós (Lc 1,30-38), São Geraldo encarnou-se no meio dos mais pobres e abandonados. Para viver sua santidade em seu dia a dia, ele recorria sempre à Eucaristia, à oração, à vida ascética e à imitação de Cristo. Seu desapego pessoal ajudou-o a viver sua santidade, que foi compreendida como amor sendo pago com amor. A exemplo dele, sejamos santos e santas de Deus no mundo onde somos chamados a viver, marcado por tantas contradições e decepções. O mito, que se forma entorno da santidade, faz-nos ter uma visão distorcida ou irreal desse santo. Para alguns, ele ainda é visto como um homem esquelético, de batina preta, que traz nos braços um crucifixo e nos pés uma caveira. Para outros, é um homem de feições pálidas e olhos revirados para o céu. E, por fim, não menos importante, outros dizem que ele foi um homem de pouca saúde e sua alma era torturada por grandes sofrimentos. Precisamos desmitificá-lo urgentemente. A finalidade disso é obter um conhecimento melhor e mais claro a respeito de sua vida, do homem que procurou fazer, ao longo de seus dias, unicamente a vontade de Deus.

São Geraldo, em sua fraqueza, foi sempre assistido pelo Espírito Santo. Sem medir esforços, deu sua contribuição, e o continua fazendo para o "bem daqueles que amam a Deus" (Rm 8,28). Contemplado, "desde sempre com o amor divino" (Rm 8,29), ele abdicou de todas as vontades pessoais para socorrer aqueles que amam e buscam a salvação à luz do projeto de Deus. Quem é contemplado com o amor de Deus não vive para si mesmo, mas para os outros, abandonados e necessitados. Foi um homem predestinado e chamado por Deus para ser santo. Foi justo. Tornou-se santo. Foi por Deus glorificado.

Supliquemos, pois, sempre por sua intercessão, com o coração sincero, e ele intercederá junto a Jesus, nosso Redentor, que prontamente o atenderá. Recorda-nos o Prefácio dos Santos I que estes são glorificados e exemplos para nossa vida. São "um exemplo para nossa vida, a comunhão que nos une, a intercessão que nos ajuda" (MISSAL ROMANO, 2004, p. 451). Assistidos por eles, grandes testemunhas oculares do amor de Deus por nós, receberemos a coroa imperecível. O Prefácio dos Santos II, por sua vez, assevera-nos que "pelo testemunho admirável dos santos de Deus, a Igreja é constantemente revigorada, provando assim seu amor para conosco" (MISSAL ROMANO, 2004, p. 452). São Geraldo é um dos quais "recebemos o exemplo, que nos estimula na caridade, e a intercessão fraterna, que nos ajuda a trabalhar pela realização do Reino de Deus no meio de nós" (MISSAL ROMANO, 2004, p. 452).

Levando-se em consideração todos esses aspectos, o objetivo deste nosso trabalho não é outro senão tornar São Geraldo ainda mais conhecido, não somente por seus devotos, mas, sobretudo, por todas as pessoas de boa vontade que, a seu exemplo, queiram fazer a diferença no mundo, fortemente marcado por grandes transformações e desconstruções. Sua desmitificação nos fará ver que sua vida e sua missão encontram-se muito mais próximas de nós do que imaginamos. Para a concretização do objetivo proposto, apresento-lhes a obra *São Geraldo Majela – Redescobrindo um Santo* – do Padre Brendan McConvery, Missionário Redentorista. Este, com maestria, conhecimento e piedade devocional, maravilhosamente disserta sobre esse santo. Fazendo uso de nove capítulos e um apêndice, o autor nos emociona e nos faz desejar viver nossa vida e a missão, de cada dia, ao modo de São Geraldo. Padre McConvery, como um guia espiritual, toma-nos pela mão e leva-nos a caminhar, em plena era líquido-fluida, rumo à santidade. Desejo a todos uma boa leitura e um bom aprendizado. Que São Geraldo, o santo das mães, dos pais, dos filhos, e de todos, interceda por nós, para que, a seu exemplo, tenhamos a coragem necessária de fugir de nós mesmos e de tudo e todos que nos aprisionam e nos impedem de chegarmos à santidade a que fomos chamados pelo Senhor nosso Deus.

Padre Vinícius Ponciano, C.Ss.R.
Tradutor

Bibliografia

BAUMAN, Zygmunt. *Modernidade Líquida*/ Zygmunt Bauman; tradução, Plínio Dentzien. Rio de Janeiro: Jorge Zahar Ed., 2001.

BÍBLIA SAGRADA. Edição Pastoral. São Paulo: Paulus, 1990.

DOSTOIÉSVSKI, Fiódor. *O idiota*/ Fiódor Dostoiésvski; tradução de Paulo Bezerra; desenhos de Oswaldo Goeldi. São Paulo: Ed. 34, 2002.

MISSAL ROMANO. *Prefácio dos Santos I e II*. 2ª edição, São Paulo, Paulus, 1991.

LOUCH, David, C.Ss.R. Santidade. In: WALES, Sean; BILLY, Dennis. *Dicionário de Espiritualidade Redentorista*. 1. Ed. Tradução, José Raimundo Vidigal. Goiânia: Scala Editora, 2012.

Introdução

O nome Geraldo Majela é conhecido por muitos católicos. Eles lhe confiam suas orações em momentos difíceis, especialmente ao tentarem conceber um bebê, para trazê-lo ao mundo são e salvo, e ao serem confrontados com grandes mistérios vivificantes do trabalho de parto e do nascimento. Muitos carregam o nome de Geraldo Majela ao longo da vida impresso no próprio: Geraldo, Geralda e Majela.

Mas, às vezes, aqueles que rezam para Geraldo sabem relativamente pouco sobre ele, assim como não sabem sobre aquele tio que os visitava, quando ainda eram pequenos e lhes dava alguma coisa quando saía, ou sobre aquele gentil vizinho, que os cumprimenta alegremente quando por ele passam. Mesmo suas imagens sagradas, sejam as maiores que se encontram penduradas nas paredes de tantas casas ou as menores que se encontram dentro dos livros de orações, não nos ajudam a saber mais sobre Geraldo. Quando criança, eu tinha medo da caveira que sorria para mim da mesa ao lado dele. Suas feições pálidas, olhos voltados para o céu, faziam com que parecesse uma alma esquelética e torturada.

Tínhamos um livro sobre sua vida em casa, cujo título era intrigante: *Para o céu através de uma janela*. Essa biografia foi escrita pelo padre John Carr, que costumava celebrar a missa no altar de São Geraldo em Clonard, na Irlanda. Consegui ler a obra quando era adolescente. Pedaços dessa biografia achei intrigante, incluindo os nomes de lugares do sul da Itália que pouco significavam para mim. Mesmo assim, fiquei fascinado com a história. E isso o tornou mais real do que as estátuas e imagens sagradas que eu tinha visto dele nos primórdios de minha vida.

(PÁGINA AO LADO) **SÃO GERALDO DE GIUSEPPE LOMUSCIO**

Por que os Católicos são encorajados a orar aos santos? Talvez a explicação mais nítida se encontre no início do Prefácio da missa celebrada pelo dia dos santos: "Nos vossos Santos e Santas ofereceis um exemplo para a nossa vida, a comunhão que nos une, a intercessão que nos ajuda". Aprender com o exemplo de Geraldo significa redescobrir o ser humano de carne e osso por trás das estátuas e das imagens sagradas.

Ele nasceu e foi criado em uma família pobre no sul da Itália, há quase 300 anos. Neste pequeno livro, tentamos fazer o que o Padre John Carr fez há mais de 60 anos: tornar Geraldo algo mais do que uma espécie de "remédio de resgate" sagrado. Um escritor inglês nos lembra de que "o passado é outro país. Lá eles agem de maneira diferente". Quando tentamos ver Geraldo contra o mundo desconhecido em que ele viveu, em toda a sua estranheza, podemos nos surpreender com o quão perto ele está de nós. Seu pai, sua mãe e irmãs fazem parte do que o tornou santo. O mesmo aconteceu com seus vizinhos, os trabalhadores de sua cidade natal, os amigos que o conheceram ao longo de sua vida e os membros da comunidade redentorista na qual lutou tanto para ingressar.

No Credo, professamos nossa fé na "comunhão dos santos". Outras palavras para comunhão podem ser companhia ou companheirismo. O Novo Testamento nos lembra de que estamos rodeados por uma "multidão de testemunhas", que nos animam e nos ajudam a manter os olhos fixos em Jesus, "o pioneiro e consumador de nossa fé" (Hb 12,2-3). Os santos não querem nos levar para si mesmos, mas nos levar para mais perto de Cristo para fazer comunhão com ele. Para muitas pessoas a companhia dos santos é muito real. Um santo querido é alguém que nunca nos decepciona. Por meio de suas orações, ele nos oferece um apoio seguro. As pessoas, especialmente aquelas que vivem perto das igrejas redentoristas em Dundalk, Belfast, Limerick ou Esker, depositam, sem dúvida alguma, toda a confiança nas orações de São Geraldo. Mulheres grávidas ligam diariamente para a recepção de nossos conventos para serem abençoadas com sua relíquia. Seu Santuário raramente fica sem velas, que representam orações oferecidas, ou sem flores, que representam as graças recebidas. A novena anual em Dundalk atrai cerca de dez mil pessoas diariamente.

Neste livro, que é um convite para orar com São Geraldo e uma introdução a sua vida, especialmente para aqueles que podem não estar familiarizados com ele, há fotos, obras do Padre David McNamara, C.Ss.R., que são essenciais para nos ajudar a contar sua história. As primeiras pinturas que temos de Geraldo foram feitas após sua morte. O que tentamos fazer aqui é usar fotografias contemporâneas para recriar algo da realidade do mundo de Geraldo, para permitir que você veja os lugares que ele teria conhecido, alguns dos objetos que ele poderia ter visto e algumas das pessoas que fizeram parte de sua história. E há também o apêndice, que irá sugerir algumas maneiras de usá-lo como um auxílio para a oração reflexiva ou meditação, bem como fazer algumas orações para o próprio Geraldo.

Finalmente, Padre David McNamara e eu desejamos agradecer a todos os que ajudaram nesta compilação. Agradecemos especialmente à equipe da Editora *Redemptorist Communications* – Veronique Coller, Claire Carmichael, Michelle Mckeon, Paulo Copeland e o editor, Padre Geraldo Moloney; aos irmãos e às irmãs redentoristas, que nos apresentaram a Geraldo e que mantêm viva sua memória. O Irmão Anthony McCrave foi, como sempre, uma fonte de informações e comentários sobre Geraldo e sua vida. Enfim, é justo que dediquemos este livro para todas as nossas "santas mães."

Pe. Brendan McConvery, C.Ss.R.
Comunidade Redentorista de Marianella
Dublin, Irlanda

I
Um santo na família

Na madrugada do dia 6 de abril de 1726, na pequena cidade italiana de Muro, nasceu Geraldo. Esse acontecimento se deu em um dia de sábado, antes da Semana Santa. Antes que houvesse certidões de nascimento civis, o registro de batismo da Igreja era a maneira usual de registrar um nascimento. O primeiro registro de seu nascimento foi no dia 6 de abril. Um outro se deu no dia 23 de abril. Uma criança e duas certidões de nascimento. Como se explica isso? A explicação mais provável, para o fato acontecido, é que Geraldo era um bebê doente. Um irmão, que havia nascido dez anos antes dele, sobreviveu apenas alguns dias depois do nascimento; cerca de uma semana, não mais do que isso. Nesse período, a taxa de mortalidade infantil, logo após o parto, era bastante alta. Os pais do bebê Geraldo Majela estavam apreensivos. Eles não queriam perder o filhinho que tinha acabado de nascer. Assim sendo, a parteira Beatrice Piccinno, cujo nome consta no registro, levou Geraldo, recém-nascido, à Catedral para receber o "batismo de emergência". Quando se pensava que um bebê estava doente demais para uma longa cerimônia, o derramamento da água batismal sobre a cabeça da criança era considerado suficiente para torná-la membro da Igreja. Beatrice Piccinno, a boa parteira, provavelmente não perdeu tempo e levou o pequenino e frágil Geraldo para o calor e a segurança da casa da família.

Quando o bebê apresentou sinais de melhora, algumas semanas depois, foi levado de volta para a Catedral, nos braços de uma madrinha apropriada, chamada Elizabeth Iacullo, para receber a unção com o óleo e as vestes brancas. Agora, com a cerimônia do batismo completa, o pequenino estava protegido sob as asas do Espírito Santo e nos braços calorosos de sua mãe, na companhia de

(PÁGINA AO LADO) **SÃO GERALDO DE GAGLIARDI**

seu piedoso pai e de suas irmãs. Não é de se admirar que novas mães e pais tenham encontrado, e continuam encontrando, tanto conforto nas orações de Geraldo Majela muito tempo depois de sua morte.

A família de Geraldo

Geraldo foi o último dos quatro filhos sobreviventes do casal Domingos Majela e Benedita Gallela. Além de seu irmão mais novo, que faleceu alguns dias depois de seu nascimento, Geraldo tinha três irmãs. A mais velha, de quatorze anos, chamava-se Brígida. Ana Elizabete tinha doze para treze anos, e Isabel era apenas três anos mais velha que ele.

Seu pai, natural de uma pequena aldeia chamada Baragiano, cerca de 11 quilômetros a leste da pequenina cidade de Muro, era alfaiate de profissão. Provavelmente, foi também comerciante errante (caixeiro-viajante), praticando seu ofício de aldeia em aldeia, antes de se estabelecer em Muro e se casar com Benedita Gallela, uma camponesa de 25 anos, que também morava fora da cidade. Ele, provavelmente, tinha alguns anos a mais do que ela.

Uma cidade do interior, como Muro, não era a capital da alta moda. Assim, o trabalho de um alfaiate consistia em fazer roupas resistentes de trabalho para homens e meninos, "bom terno" e também remendar roupas rasgadas, para serem usadas por mais alguns meses ou adaptadas para caber em uma criança mais nova. Como havia várias outras alfaiatarias, provavelmente mais antigas na cidade, Domingos ganhava a vida da melhor maneira que podia.

Sobre os "Majelas" há parcos registros, que nos trazem poucas informações. O que sabemos é que os pais de Geraldo eram muito religiosos e tentavam dar o melhor para seus filhos. A oração familiar, por exemplo, era feita de manhã, antes das refeições e à noite. No início da manhã, a família se dirigia para a Missa na Catedral ou em uma das outras igrejas da pequenina cidade de Muro. Geraldo, apesar da pouca idade, ficava fascinado com o ritual da Missa. Ele construiu para si um pequeno altar, colocando nele a coleção de estátuas dos santos, especialmente seu favorito, Miguel Arcanjo. Usava as pontas das velas para iluminar e ajoelhava-se piedosamente sempre que passava diante dela. Sabe-se também que essa família viveu em pelo menos duas casas diferentes, ambas pequenas e apertadas. Elas eram apenas um pouco melhores do que as de um único cômodo, usado para ser cozinha, sala de estar, quarto e alfaiataria. Percebe-se que eles nunca estiveram longe da pobreza. Como até mesmo a comida foi sempre muito escassa, ele aprendeu desde cedo a não desejar nada de especial para comer e também a não reclamar do que lhe era servido. Uma vez, chegou a fingir que não estava com fome, porque suspeitou que a comida estava acabando.

Depois de entrar para o convento redentorista, Geraldo recebeu a visita de sua irmã Brígida, que o relembrou de quando ele voltava das brincadeiras para casa e levava um pequeno pedaço de pão branco, que dizia ter conseguido com uma senhora enquanto brincava com seu filho. Ao lembrar isso, revelou: "Sim, agora eu sei que o menino era Jesus e a senhora era Maria".

Essa cena de São Geraldo brincando com o Menino Jesus, sob o olhar e o sorriso da Santíssima Virgem Maria, que, em minha compreensão, simboliza a intimidade que devemos ter com Jesus e sua mãe, pode ser vista nos Santuários dedicados a ele. Quando somos íntimos de Jesus e nos confiamos ao olhar da Virgem Maria, temos mais disposição para exercer a caridade para com nossos irmãos mais pobres e abandonados.

Crescendo em Muro

Em uma época em que poucas crianças podiam ir à escola, Geraldo teve a sorte de ter pelo menos alguns anos de educação escolar, a qual foi interrompida, lamentavelmente, por causa da morte de seu pai. Embora saibamos pouco sobre sua escolaridade, quando adulto, foi capaz de escrever cartas e ler livros religiosos que sobrecarregaram a concentração até mesmo de pessoas mais instruídas do que ele. Talvez seus pais esperassem que um menino, sério e piedoso, que não se interessava pela bagunça das crianças do bairro, fosse no futuro um padre, como Boaventura, um primo de dona Benedita, que era padre Capuchinho.

Sobre a morte de Domingos Majela, não sabemos exatamente nem sua idade nem quando isso ocorreu. O que conhecemos é que a expectativa de vida dos homens de sua classe social era bastante baixa. Talvez, ele tivesse uns 40 anos quando morreu, não mais do que isso. Assim, o orçamento da família ficou muito comprometido, tornando-se ainda mais pobre, porque o patriarca não deixou nada de material. Ficaram apenas as felizes lembranças de um homem gentil. E, como naquela época para se casar era necessário ter um pequeno dote e as irmãs de Geraldo – com exceção da mais velha que, com 24 anos, já era casada e iniciava sua própria família – já estavam em uma idade para pensar em casamento, Dona Benedita o tirou da escola e procurou um emprego para ele. Este, que cresceu vendo o pai trabalhando, incansavelmente, na alfaiataria, provavelmente, tinha aprendido a fazer alguma coisa. Por isso dona Benedita resolveu que seu filho seria aprendiz de alfaiate.

Martin Pannuto, um dos alfaiates da cidade de Muro, cujo negócio era maior do que o do senhor Domingos Majela, estava disposto a ajudá-lo a aprender esse ofício. Em sua alfaiataria havia vários aprendizes. Segundo a maioria dos relatos, o senhor Martin, 40 anos, era uma pessoa fácil de se conviver, era bom e piedoso. Mas, infelizmente, diante da menor provocação, ele perdia facilmente o controle.

Quando Geraldo aprendeu o ofício de alfaiate, tinha uns 12 anos de idade, era um menino quieto, magro e de aparência doentia. Foi colocado sob o comando de um outro aprendiz mais velho do que ele, que não perdeu a oportunidade de intimidá-lo e humilhá-lo. Diante das provocações, ele não disse uma única palavra; em absoluto silêncio, aprendia.

Essa simplicidade e bondade fizeram dele o menino favorito do senhor Martin Pannuto, sua esposa e seus cinco filhos. Um deles, José, que tinha cerca de 8 anos de idade, adotou-o como seu irmão mais velho. Quando o trabalho do dia terminava, os dois meninos saíam para visitar as igrejas da cidade. Durante esse momento de descontração, Geraldo ia explicando para José, que, com atenção, escutava as explicações detalhadas, as histórias dos santos que eles viam nas igrejas por eles visitadas.

Geraldo fez sua Crisma no dia 5 de junho de 1740, na igreja de Nossa Senhora do Monte Carmelo, em Muro. Ele tinha 14 anos e já era hora de começar a pensar em sua verdadeira vocação. Embora tenha ficado muito feliz em poder ajudar a família a superar os momentos difíceis impostos pela pobreza, em poder encaminhar e acomodar as irmãs, que agora poderiam dedicar um tempo maior para ajudar dona Benedita Gallela e deixá-la desfrutar da companhia de seus netos, o que ele realmente queria era entrar em uma comunidade religiosa. A que melhor conhecia era a dos capuchinhos, em que seu primo, o padre Boaventura, vivia.

Geraldo percorreu oito quilômetros a pé para conversar com ele e pedir seu apoio para se tornar um frade. O padre, ao olhar para aquele menino magro, logo se convenceu de que ele nunca sobreviveria à dureza daquele convento. Da maneira mais gentil que pôde, disse para Geraldo: “Não, filho, esse não é o plano de Deus para você, mas fique alguns dias aqui e descanse. Eu lhe direi quando for a hora de voltar para casa”. Dito isso, o padre Boaventura levou Geraldo para o depósito do convento capuchinho e escolheu um casaco marrom, quase novo, para ele se agasalhar. O padre achou que isso seria um belo prêmio de consolação.

Um ou dois dias depois, quando Geraldo estava indo para a capela do convento, ele encontrou um mendigo e não teve dúvida: deu-lhe o casaco que ganhou de presente. O padre Boaventura viu o que tinha acontecido e ficou muito aborrecido com Geraldo por ter dado o presente que ele havia acabado de ganhar. Diante da reação do tio, disse: “Bem, tio. Eu conheci um homem mais pobre do que eu e que precisava mais do que eu. O que eu poderia fazer?”

O menino servo do Bispo

Um conterrâneo de Geraldo, Claudio Albini, que tinha a reputação de ser um homem de difícil convivência, foi nomeado Bispo de Lacedônia. Sempre intolerante, não raramente, entrava em guerra com o clero e com as autoridades civis. Um dia, enquanto visitava um amigo, o bravo Bispo reclamou: "Como é difícil arrumar alguém para o trabalho doméstico neste lugar". O amigo sabia qual era o motivo de tal dificuldade: seu comportamento agressivo. Diante dos fatos, ele sabia que somente um santo poderia aguentar e servir a um colega tão enraivecido. Nesse exato momento, pensou no jovem aprendiz de alfaiate, que já tinha conseguido conquistar o difícil e temperamental senhor Martin Pannuto. O nome de Geraldo foi então mencionado para o Bispo com o acréscimo do seguinte comentário: "Ele é o único que irá satisfazê-lo".

A distância entre Muro e Lacedônia é de aproximadamente 32 quilômetros. Geraldo nunca tinha estado assim tão longe de casa. Quando deixou sua família para servir esse homem tão intolerante, tinha apenas 15 anos de idade. Essa época deve ter sido muito difícil para ele. Tão jovem e tão sem experiência, foi morar no palácio de uma pessoa, cujo temperamento era extremamente explosivo. Se Geraldo não podia ingressar em uma comunidade religiosa, pelo menos agora, que estava longe dos olhos vigilantes de dona Benedita Gallela, poderia colocar em prática algumas das coisas que imaginava um dia poder fazer no interior de uma congregação.

As críticas e os acessos de raiva de Dom Albini eram contínuos e péssimos. Mas Geraldo não se deixava abater. Sempre calado e cumprindo suas obrigações, não deixou de lado o jejum e a penitência. Enquanto o Bispo esbravejava como uma fera, ele rezava, jejuava, fazia penitência e dava sua comida aos pobres. Todos os dias, visitava os doentes e os idosos. Um dia, quando estava na pequena cidade de Muro, visitando sua família, encontrou o médico local que ficou chocado com sua aparência. Este, preocupado, logo tomou seu pulso. A pressão arterial estava normal, mas, quando o médico abriu sua camisa para examiná-lo mais detalhadamente, ficou chocado com o que viu. Ele estava usando uma corrente com pontas afiadas no peito. O médico perguntou: "Você só usa isso durante o dia?" Geraldo prontamente respondeu: "Não, à noite também a uso."

Certa vez, muitos dos membros da casa do Bispo ficaram horrorizados com a maneira como ele tratava Geraldo e pediram que este pusesse um fim naquela situação marcada por tão grande humilhação. Sua resposta foi dada em defesa do sacerdote: "Não, seu senhorio é realmente muito bom para mim. Ele tem boas intenções. Sou eu que não sei fazer as coisas direito. Eu vou aprender, eu vou aprender".

Há uma história dessa época de sua vida que sobreviveu. Um dia, ele perdeu a chave do quarto de Dom Claudio Albini, que caiu em um poço profundo, enquanto tirava água. Imediatamente, previu a reação do Bispo. No entanto sua preocupação maior não era a de ser humilhado por ele, mas fazer o sacerdote cometer o pecado da ira, por causa de sua falta de atenção. Nesse episódio, Geraldo foi mais rigoroso consigo do que o próprio Dom Albini. Então, após fazer uma oração, correu o mais rápido que pôde, pegou uma estátua do Menino Jesus na capela, amarrou-a à corda do poço, deixou-a passar pela beirada e, quando a puxou novamente, a chave estava segura na mão da divina criança.

O que realmente foi tudo isso? Um acaso com final feliz, ou, simplesmente, um conto de fadas ou um milagre? Há tanto tempo assim, não podemos dizer, mas o poço ainda é conhecido na cidade da Lacedônia como "Poço de São Geraldo"!

Dom Claudio Albini morreu de forma inesperada em junho de 1744. A diocese deu um suspiro coletivo de alívio quando soube de sua morte. Apenas Geraldo chorou em seu funeral. No velório do enraivecido Bispo, disse Geraldo: "Perdi meu melhor amigo".

De volta para Muro

Geraldo não tinha ainda 18 anos de idade quando perdeu simultaneamente seu emprego e o lugar onde morava. Sua tentativa de entrar na vida religiosa tinha sido frustrada. Enquanto esteve trabalhando e morando em Lacedônia, sua segunda irmã se casou, e Elizabete, a mais jovem, logo partiria. Na casa dos Majelas, agora se encontravam apenas ele e dona Benedita Gallela.

Bem ao lado de onde ele morava, havia um alfaiate chamado Benjamin Mennonna. Em sua alfaiataria trabalhava Vito, um parente seu que tinha 16 anos de idade. O senhor Benjamin Mennonna e o jovem aprendiz, tomados por um sentimento de solidariedade, abriram espaço para um novo trabalhador: Geraldo Majela.

Tendo atualizado suas habilidades de alfaiate, em maio de 1746, foi instruído a abrir seu próprio negócio. Um Redentorista, que mais tarde seria seu superior e que escreveu um breve relato dele após sua morte, admitiu que, como alfaiate, foi um homem justo, escrupulosamente honesto e caridoso ao extremo. Muitos de seus clientes eram os mais pobres da cidade de Muro. Eles não tinham dinheiro para pagar as reformas feitas em suas velhas roupas, tampouco para comprar novas. O pouco dinheiro que entrava era para comprar comida para o sustento de cada dia. O alfaiate Geraldo trabalhava incansavelmente, porém demorava uma eternidade para receber o serviço feito. Dona Benedita Gallela não gostava da maneira que ele conduzia os negócios. Frequentemente, dizia para seu filho: "É muito bom fazer caridade. Mas você tem de entender que somos tão pobres quanto eles".

Nos anos seguintes, trabalhou discretamente em seu negócio. Fez mais um esforço para se juntar aos frades. No entanto a resposta foi a mesma: "Você não tem muita saúde para aguentar a vida dura dentro do convento capuchinho".

Geraldo era muito conhecido na cidade de Muro como um jovem devoto e muito piedoso. Ele ajudava, com muita satisfação e seriedade, o sacristão na igreja. Não se aguentava de alegria quando era chamado para ajudar a construir o presépio no Natal ou para preparar as solenes e piedosas procissões de *Corpus Christi* ou de Nossa Senhora. A execução desses trabalhos religiosos e devocionais levou-o até a Catedral de Muro. Lá, frequentemente, era visto, principalmente, durante a noite, em profundo recolhimento e profunda oração.

Às vezes, sua espiritualidade espontânea e muito simples fazia as pessoas se perguntarem se ele não estaria um pouco doente ou quem sabe louco. No sul da Itália, existe uma tradição do Santo Louco, que é exatamente aquele que tanto amava a Deus que nem se importava com o que as outras pessoas pensavam dele.

Certa vez, participando de uma procissão em que se carregava a imagem de Nossa Senhora e profundamente comovido com o acontecimento, tirou um anel de seu dedo e colocou-o no dedo de Maria. Diante desses gestos, os aspirantes a casamenteiros perguntavam em alta voz: "Por que um bom rapaz como Geraldo não encontra uma boa esposa e faz sua mãe uma mulher feliz?" Ao que ele respondeu com bastante determinação: "Já sou casado com a Mãe de Deus".

Em outra ocasião religiosa, muito radiante e com muita vontade de dela participar, ofereceu-se para representar o papel de Cristo na Paixão na Catedral de Muro. Entrou tão profundamente no papel de Cristo crucificado que seu rosto foi tomado por uma fortíssima expressão de dor que parecia que ele realmente estava pregado na cruz. Sua mãe, dona Benedita Gallela, ao ver o rosto de seu filho, ficou impressionada.

Se nenhum convento da região o aceitasse, ele poderia se tornar um eremita, algo muito comum no sul da Itália e que ele tentou junto com um amigo chamado Felix Farenga. Essa experiência durou apenas três dias, pois eles haviam estabelecido a meta irreal de viver apenas do que eles podiam colher nos campos e bosques. Derrotados no propósito feito, voltaram para casa. Nesta, sempre havia dona Benedita para conter os gestos mais extremos de sua piedade e certificar-se de que, apesar do jejum, tivesse refeições regulares.

Uma missão em Muro

Um dia, Geraldo estava trabalhando silenciosamente em sua alfaiataria quando o Irmão Onofrio, pertencente a uma comunidade religiosa, chamou-o e informou-lhe que estava arrecadando fundos para restaurar um antigo monastério em Caposele, a fim de poder acolher uma nova comunidade religiosa: a *Congregação do Santíssimo Salvador* como os Redentoristas eram chamados até então, da qual Geraldo nunca tinha ouvido falar. Quando soube o motivo da arrecadação, deu uma generosa oferta e pediu informações sobre ela. Ele ficou maravilhado com as coisas que o Irmão falou a respeito e foi logo dizendo: "Irmão, é exatamente isso que estou procurando!" Então o religioso disse-lhe o essencial a respeito da vida redentorista. Ao descrevê-la, revelou: "É uma vida difícil! Somos pobres e dormimos em colchões de palha!" Olhando atentamente, percebeu a fragilidade de Geraldo e exclamou exatamente conforme o frei Boaventura: "Você não seria forte o suficiente para nós!" Embora tenha tentado desencorajar aquele ansioso candidato, após tanta insistência, encaminhou-o para uma conversa com o Padre Garzilli, um Redentorista, que pregaria na Catedral.

Geraldo não perdeu tempo e logo foi falar com o sacerdote, fez várias perguntas sobre sua comunidade e sobre sua regra. Depois de muito conversarem, pediu-lhe para ingressar, evidentemente, na Congregação do Santíssimo Salvador. A resposta, lamentavelmente, foi a mesma que ouvira no passado, quando tentou entrar para o convento dos Capuchinhos: "Não há lugar para um jovem frágil como você entre os Redentoristas".

Padre Garzilli e o Irmão Onofrio deixaram Muro e voltaram para a comunidade redentorista em Caposele, enquanto Geraldo ficou em sua pequena cidade natal, nutrindo seu desejo de entrar para a nova congregação.

No domingo, logo após a Páscoa de 1749, outros Redentoristas chegaram a Muro, onde ficaram um mês, para pregarem uma Missão. Todas as tardes, havia uma grande celebração na igreja, cantava-se o rosário com alegria e muita devoção, acontecia um momento de instrução sobre algumas das verdades básicas da fé. À noite, cantavam-se mais alguns cantos, e o padre pregador subia a uma plataforma, onde foi colocada a imagem de Nossa Senhora das Dores ao lado de um grande crucifixo, e, solenemente, pregava o grande sermão missionário. Durante a Missão, todas as noites pregavam-se grandes sermões sobre as verdades da salvação, morte, julgamento, céu, inferno, o perigo do pecado mortal e a necessidade de fazer uma boa confissão antes que fosse tarde demais.

O superior da Missão de Muro foi o Padre Paulo Cáfaro, um dos principais pregadores Redentoristas. Ele era um homem austero, de muita oração e um pregador dinâmico. Sua voz era tão alta e forte que seus colegas Redentoristas o apelidaram de "A ira de Deus". Geraldo ouviu atentamente cada palavra pronunciada pelo grande pregador Redentorista. Após cada uma delas, pronunciadas com clareza e muita objetividade, foi se convencendo de que seu lugar era realmente com os Redentoristas: *os homens apaixonados pela Cruz de Cristo e ansiosos pela salvação dos perdidos.* O ato final da Missão seria uma grande comunhão geral, para a qual todos na cidade foram convidados a se preparar com uma boa confissão.

Dona Benedita Gallela, vendo o comportamento de seu filho, ficou bastante preocupada. Foi ao encontro do superior da Missão e expôs-lhe o quanto ela precisava de Geraldo em casa e como a saúde dele era frágil. Ele a tranquilizou, dizendo-lhe: "Não se preocupe. Os Redentoristas não irão levar Geraldo para o convento redentorista sob quaisquer condições". E, porém, acrescentou que seria uma boa ideia trancá-lo em seu quarto no dia em que os missionários estivessem partindo. Isso foi tudo o que dona Benedita Gallela precisava ouvir. Ela seguiu prontamente essas orientações. Mas o inesperado aconteceu. Quando ela abriu a porta do quarto, algum tempo depois, ele tinha fugido daquele cárcere doméstico, usando como corda seu próprio lençol. Sobre a mesa havia um pequeno bilhete com os seguintes dizeres: "Não venha me procurar. Vou para me tornar santo".

PADRE PAULO CÁFARO

Enquanto isso, o Padre Cáfaro e seus companheiros redentoristas desciam lentamente a encosta da cidade de Muro, a caminho de sua próxima missão na cidade de Rinero, em Vulture, que ficava quase 32 quilômetros dali. Logo Geraldo os alcançou, e eles, novamente, tentaram se livrar dele, que não desistiu e continuou insistindo. Ele estava convencido de que não mais aceitaria um não como resposta. Cada vez que os Redentoristas olhavam para trás, viam Geraldo os seguindo com muita determinação. Padre Cáfaro experimentou todos os métodos de raciocínio e argumentos para convencer o teimoso rapaz a voltar para sua casa e desistir de ser um Redentorista, porque ele não tinha uma boa saúde para suportar a vida dura e a missão redentoristas. Mas Geraldo não aceitava nenhuma explicação. Ele estava determinado. Por alguns dias, ficou parado na porta do convento redentorista. Sempre que aparecia alguém, prontamente se oferecia como voluntário. Tentou de tudo para entrar no convento, usou de todos os seus argumentos, mas os Redentoristas não sediam também na decisão que já haviam tomado. Então, o teimoso Geraldo disse com toda a sua convicção para o Padre Cáfaro: "Se você não me der uma chance, vou me juntar aos pobres que imploram na porta de seu convento".

Para os companheiros do padre, o teimoso Geraldo estava se tornando um estorvo. Afinal, eles tinham uma Missão para pregar. A única maneira de se livrar dele era deixá-lo ir para o convento redentorista de Deliceto para ficar sob os cuidados dos Redentoristas que lá estavam. A contragosto, Padre Cáfaro escreveu um bilhete para o Reitor de Deliceto. Provavelmente foi a recomendação mais fria que ele deu de um candidato à vida religiosa: "Estou enviando a você um irmão inútil para o trabalho".

2
Um santo em sua própria terra

A cidade natal de Geraldo

Hoje, pensamos em Geraldo como um santo italiano, mas, em sua época, evidentemente, não havia nenhum país chamado Itália. A longa extensão de terra que vai dos Alpes até a Ilha da Sicília era composta de várias repúblicas independentes, como Veneza, ou dos principados, como Grão-Ducado da Toscana, ou de pequenos reinos independentes. Os maiores eram os Estados Papais, governados pelos papas, e o reino de Nápoles, que se estendia da Sicília até quase a própria Roma. O reino de Nápoles, no qual Geraldo nasceu, mudou de mãos várias vezes, sendo passado de uma família europeia para outra.

A língua falada pela maioria dos italianos educados era originalmente o dialeto de Florença, a linguagem dos livros e da conversa formal. Os dialetos locais eram a língua de pessoas do campo e moradores de pequenas cidades. Dialetos não faltavam naquele tempo. Às vezes, mesmo as pessoas próximas não conseguiam entender facilmente o que a outra estava dizendo.

Como muitas cidades italianas, Muro, por exemplo, foi construída em uma colina cerca de seiscentos metros acima do nível do mar. Isso facilitava a defesa do ataque de um exército invasor. A colina em que Muro foi edificada faz parte da longa cadeia de montanhas, os Apeninos, espinha dorsal da Itália, que atravessa toda a Itália.

(PÁGINA AO LADO) **MURO, ITÁLIA**

MAPA DA ITÁLIA NO TEMPO DE GERALDO, MOSTRANDO AS CIDADES QUE TÊM MAIOR PROXIMIDADE COM SUA HISTÓRIA

Embora Muro não seja uma cidade grande, ela possui uma longa história. Uma cidade que um dia por lá existiu, chamada Numistri, havia sido o local de uma batalha durante a guerra de Aníbal com Roma, cerca de 200 anos antes do nascimento de Cristo. Na Idade Média, a colina onde está fundamentada essa pequenina cidade foi coroada com a construção de um grande castelo, onde a Rainha de Nápoles foi assassinada, no ano de 1382.

Com o passar do tempo, esse castelo passou a pertencer à família dos Orsini, cujo membro, Pierfrancesco, tinha sido conde de Muro. Depois ele entrou para a ordem dominicana e foi ordenado sacerdote. Dois anos antes de Geraldo nascer, Pierfrancesco foi eleito Papa, recebendo o nome de Bento XIII. Ele morreu no ano de 1730 quando Geraldo tinha quatro anos de idade.

A vida diária em Muro

Como em todo o interior do sul da Itália, as pessoas se casam muito jovens. As mulheres, por exemplo, casam-se por volta dos 18 anos de idade, e os homens por volta dos 20 anos. De forma geral, as famílias do interior do sul da Itália, no tempo de Geraldo, eram bastante numerosas. Na maioria delas, havia pelo menos uma criança.

Indústria não havia. O que havia eram pequenos comerciantes que também exerciam pequenos ofícios, tais como: construtores, carpinteiros, ferreiros, oleiros e assim por diante. Pequenas lojas atendiam as necessidades básicas da população rural. Em Muro, por exemplo, a maior parte das famílias era sustentada por seu próprio trabalho. A agricultura era a de subsistência. O que sobrava era vendido no pequeno comércio local. Na planície fértil ao pé da colina, os sitiantes cultivavam grãos. Nas encostas das colinas, eles cultivavam vinhas e árvores frutíferas, como figos e azeitonas. Cada pedacinho de terra era muito bem aproveitado.

Muitos que trabalhavam no campo moravam na cidade e saíam antes do nascer do sol para o ofício. Esse trabalho, que começava bem cedo e ia até o entardecer, envolvia todos os membros da família, exceto os bebês. Por ser feito debaixo do forte sol, às vezes, obrigava os trabalhadores a buscar refúgio na própria casa.

PLANTAÇÃO DE VINHAS NAS ENCOSTAS

A primeira refeição do dia era logo depois do meio-dia. Em seguida, as pessoas tiravam um cochilo de aproximadamente uma hora. Esse descanso era necessário, pois as famílias estavam acordadas desde as cinco horas da manhã e já haviam feito oito ou mais horas de trabalho pesado. Na primavera ou no outono, as noites costumavam ser mais frias. Tal acontecimento permitia que elas trabalhassem mais durante o dia antes que o sol se tornasse quente demais. Quando as pessoas não estavam trabalhando no campo, estavam fazendo algum conserto ou reparo em suas pequenas e pobres casas.

Antes do jantar, principalmente no verão, todos saíam para as ruas e iam até a praça principal para uma breve caminhada ou *passeggiata*. Esse era um momento especial. As pessoas vestiam roupas limpas; os rapazes e as moças caminhavam em grupos para fazer a corte ou namoricar. Já os mais velhos ficavam sentados conversando enquanto o tempo ia passando. Depois de um tempo, todos voltavam para casa a fim de fazerem a última refeição do dia e se recolherem em sua cama.

No tempo de Geraldo, comia-se macarrão, pão, sopas, vegetais e frutas; carnes e peixes também, mas estes eram consumidos, tão somente, uma vez por semana e não mais do que uma única vez por dia. Poucas pessoas tomavam café da manhã, que consistia no máximo em um bocado de pão e água, com um punhado de frutas ou nozes. O café, o chá e o chocolate eram bebidas desconhecidas nas casas das famílias pobres. A bebida mais comum era o vinho produzido localmente, diluído em água.

Os animais, como, por exemplo, as vacas, eram uma raridade, pois as famílias não possuíam grandes extensões de terras, para elas pastarem. E, no alto verão, não haveria grama suficiente para sustentar nem mesmo um pequeno rebanho. Por isso os pequenos sitiantes criavam cabras e ovelhas, das quais aproveitavam a carne e, sobretudo, a lã e o leite para tomar e fazer queijos. A manteiga era rara, mas o azeite de oliva era usado para cozinhar e fazer uma infinidade de coisas.

Se os verões fossem quentes, os invernos nessa região poderiam ser intensamente frios, com fortes nevascas. Às vezes, essas duras condições eram ainda piores pela fome, causada pelo fracasso das colheitas devido, talvez, à seca no início do ano. À medida que avançamos na história de Geraldo, descobrimos que a fome e a escassez são realidades sempre presentes.

A fome não foi o único desastre natural que caiu sobre os habitantes de Muro, que se encontra na parte mais instável da Europa. Em linha reta, a menos de 80 quilômetros, encontra-se o vulcão Vesúvio, que entrou em erupção várias vezes no século XVIII. A região, onde se encontra essa cidade, está sujeita a terremotos, que podem vir sem aviso prévio e destruir tudo em minutos.

Outro desastre que assolou seus moradores foi o analfabetismo. Estima-se que, nessa época, apenas entre cinco e dez pessoas, em uma centena fora das grandes cidades, sabiam ler ou escrever. O analfabetismo teria sido ainda mais comum entre os trabalhadores do campo e pequenas cidades, como Muro. Para as mulheres era ainda pior. Embora Geraldo soubesse ler e escrever, é provável que seus pais e suas irmãs não o sabiam. Creio que a leitura e a escrita foram as duas maiores riquezas que Geraldo possuiu em toda a sua vida.

O mundo religioso de Geraldo

Muro era a sede de uma pequena diocese. Na cidade a religião desempenhava um papel importante na vida dos habitantes e não era, por sua vez, um assunto privado. Em um tempo em que poucas pessoas podiam se

CATEDRAL DE SANTO ANDRÉ, EM MURO

dar ao luxo de tirar férias regularmente, o calendário do ano litúrgico da Igreja oferecia ocasiões para feriados e festividades.

Em Muro não havia falta de igrejas nem crise vocacional.

Em um país católico que não sentiu os efeitos da Reforma Protestante, a vida e a prática religiosas permaneciam como eram há séculos. A vida de padre ou religioso era bastante atraente, especialmente quando se havia poucas opções de vida e trabalho. Além da Catedral e a igreja paroquial de Santo André, havia vários mosteiros de religiosos e religiosas. Em uma delas, a Capela das Irmãs Carmelitas, Geraldo recebeu o Sacramento da Confirmação. Como o primo de dona Benedita era membro da comunidade religiosa dos Capuchinhos, frequentemente eram levados Geraldo e suas irmãs para o visitarem.

Os Capuchinhos foram provavelmente os mais numerosos de todas as comunidades religiosas do mundo de Geraldo. Era um movimento de reforma que queria voltar à interpretação literal da Regra de São Francisco de Assis. Eles enfatizavam a vida simples de pobreza e oração, vivendo em pequenas comunidades conventuais perto do povo. A marca da espiritualidade franciscana foi a ênfase no Cristo Encarnado, o Verbo, que se fez Carne, e, principalmente, em sua infância *(afinal, foi São Francisco de Assis quem fez o primeiro Presépio)*, sua Paixão e na devoção à Mãe de Jesus.

A vida capuchinha atraiu muito a Geraldo. Como vimos, foi a primeira comunidade religiosa em que ele tentou ingressar; sua influência espiritual provavelmente deixou uma marca profunda nele. O capuchinho hoje mais conhecido é São Padre Pio, que nasceu a menos de 80 quilômetros da cidade natal de Geraldo. Há semelhanças interessantes na vida dos dois santos.

Havia também muitos pequenos santuários e lugares de peregrinação nos arredores de Muro. Uma dessas igrejas era dedicada a Nossa Senhora e ficava a uma pequena distância da cidade. Os peregrinos gostavam de venerar a imagem entalhada de Nossa Senhora e o Menino. Era um lugar popular de oração e um dos favoritos de Geraldo.

Além dos sacerdotes que serviam nas paróquias e dos religiosos que viviam sob o domínio das ordens religiosas instituídas, havia também leigos que viviam uma forma de vida religiosa menos oficial. Eram, digamos assim, leigos consagrados. Havia também mulheres que eram conhecidas popularmente como "freiras domésticas", que, embora tivessem decidido não entrar para o convento, por vários motivos, optavam por usar um tipo de hábito religioso e levavam uma vida de oração em sua própria casa. Algumas mulheres, em Muro, decidiram não se casarem para cuidar de seus parentes idosos e doentes. Outras achavam melhor ficar em casa em oração do que entrar para convento que, por sua vez, era estritamente fechado. Uma vez dentro, não podia sair. Algumas jovens até queriam a vida conventual. No entanto não tinham como pagar o "dote" de que os conventos precisavam para sustentar uma menina quando admitida.

Havia homens também em situações semelhantes. A maioria deles escolhia ser eremita. Como as "freiras domésticas", esses homens geralmente seguiam a regra de uma das ordens terceiras (geralmente franciscana) e eram reconhecidos pelo hábito que usavam. Apesar do nome, os homens "eremitas" do tempo de Geraldo Majela não viviam isolados ou enclausurados. Ao contrário, a maioria deles vivia bem perto das pequenas cidades e vilas. Às vezes, eles se ocupavam de cuidar de uma pequena igreja ou capela que usavam para o exercício de suas devoções.

Quanto à liturgia celebrada nas igrejas de Muro, pode-se dizer que havia uma certa pompa, mas nada que pudesse complicar a vida do povo simples e muito piedoso. Tudo era celebrado com muita simplicidade e devoção. A falta de refinamento teológico das cerimônias oficiais da Igreja não dificultava o acesso e a compreensão do povo mais simples.

Os grandes períodos litúrgicos eram muito bem celebrados nessas igrejas. Conta-se que, na noite de Natal de 1223, São Francisco de Assis montou o primeiro Presépio, muito simples, em uma gruta em Greccio. Ele consistia basicamente em um feixe de feno sobre o qual estava um bebê ladeado por um boi e um jumento. Isso fez da Itália a casa do Presépio de Natal. Com o passar dos séculos, ele se tornou cada vez mais sofisticado e elaborado, no entanto, em nenhum outro lugar, é tão bem elaborado quanto na Itália, pois os italianos têm por ele uma verdadeira paixão e devoção, tanto que se tornou um modelo de vila ou cidade, com construções e figuras de pessoas trabalhando em todos os comércios locais. Um Presépio podia ser permanente, isto é, montado dentro de uma igreja local e, a cada ano, a ele sendo, pela nova geração, adicionado algo novo. Em

UMA CENA TÍPICA DE UMA PROCISSÃO NA SEXTA-FEIRA DA PAIXÃO, ITÁLIA

Muro, por ocasião do Natal, era o centro de devoção. E ele só era desfeito no dia 2 de fevereiro, na Festa de Nossa Senhora da Candelária.

Durante a Quaresma e a Semana Santa, as atenções se voltavam para a Paixão e Morte de Jesus. No entanto, em Muro, em todas as sextas-feiras, havia uma celebração da Paixão e Morte de Jesus em miniatura. Os membros das confrarias existentes vestiam-se com mantos processionais e com capuz. Os homens disputavam o privilégio de carregar o corpo de Jesus Cristo morto ou a imagem de Nossa Senhora, vestida de luto e com o coração trespassado por uma espada. Algumas pessoas decidiam viver mais intensamente os sofrimentos de Jesus. Alguns membros das confrarias açoitavam as próprias costas com cordas atadas ou usavam coroas de espinhos na cabeça durante as procissões penitenciais imitando Jesus crucificado. Geraldo gostava muito desse tipo de penitência.

As procissões mais alegres eram feitas por ocasião da Festa do Santo Padroeiro da cidade ou da Madonna. Elas eram geralmente acompanhadas de músicas mais alegres e fogos de artifício. Em preparação para a festa do Padroeiro e da Madonna, geralmente havia nove dias de oração e pregação. Às vezes, faziam-se somente três dias de celebração. A novena ou o tríduo era um momento especial e de muita piedade e devoção. Estátuas de santos e da Santíssima Virgem Maria eram frequentemente vestidas com mantos de tecido real. Uma estátua favorita desse povo, ao longo dos anos, acabava adquirindo um grande guarda-roupa. Isso porque as vestimentas dos santos eram doadas pelas pessoas em agradecimento por alguma graça alcançada. As vestes dos santos, doadas pelos devotos, seguiam as cores do tempo litúrgico.

CRISTO CRUCIFICADO
DE SANTO AFONSO DE LIGÓRIO

Um Mundo de Devoção

1. *Devoção a Cristo*

Santo Afonso de Ligório, fundador da Congregação do Santíssimo Redentor, à qual Geraldo posteriormente passou a pertencer, resumiu a devoção a Cristo como sendo baseada em três momentos ou acontecimentos: O Presépio, a Cruz e a Eucaristia. Anteriormente já falamos a respeito do valor e da importância do Presépio, o mistério natalino de Deus, que veio morar no meio de nós em carne e osso. Para os italianos, com seu amor instintivo pelas crianças, o Menino Jesus era um lembrete constante do amor de Deus que assumiu a vulnerabilidade de uma criança.

A Cruz foi e continua sendo, evidentemente, um lembrete constante do que Deus foi capaz de fazer pelos seres humanos na Paixão e Morte de Jesus Cristo. Para os pobres, muitas vezes sofrendo de carência afetiva e material, ela é um sinal poderoso de que o Pai nos ama tanto que é capaz de sofrer por nós e também é a visualização do sofrimento humano e de seu amor misericordioso e transbordante por nós.

As pinturas e esculturas italianas da Cruz, no século XVIII, eram frequentemente muito realistas ao retratar o sofrimento de Jesus. O próprio Santo Afonso pintou uma imagem de Cristo crucificado, a qual foi destinada por ele a ser usada como um auxílio visual para ilustrar seus sermões sobre a Paixão e morte do Filho de Deus. A devoção a essa Paixão também introduziu um elemento fortemente penitencial na piedade popular. Há sempre alguém disposto a se aproximar de Jesus imitando seus sofrimentos. Esse aspecto penitencial da religião exerceu uma forte atração em Geraldo Majela.

No século XVIII, as pessoas não recebiam comunhão diariamente como ocorre atualmente. As crianças faziam sua primeira comunhão aos 12 ou 13 anos de idade. Uma criança piedosa como Geraldo, por exemplo, aprendia desde cedo como a Eucaristia é especial. Seus biógrafos contam-nos que, certa vez, ele se apresentou para receber a Sagrada Comunhão. Mas o padre, vendo que ele era ainda muito jovenzinho, não lhe deu a Comunhão. Ao anoitecer desse dia, ele sonhou que o próprio São Miguel Arcanjo lhe levou o Corpo de Cristo. Embora tenha sido um sonho de menino, há nele um rico discernimento espiritual que a Igreja reconheceu, quase 200 anos depois, quando o papa São Pio X baixou a idade para a primeira comunhão de crianças.

Embora pregadores, como Santo Afonso, tentassem promover a comunhão mais constante, a maioria das pessoas só a recebia uma vez por ano, na época da Páscoa, e expressava sua devoção à presença de Cristo por meio da oração ao Santíssimo Sacramento. A maioria das igrejas celebrava, anualmente, a devoção das Quarenta Horas. Durante três dias, o Santíssimo Sacramento ficava exposto na custódia do altar-mor da igreja, e as pessoas se revezavam para orar e vigiar durante o dia e a noite. Nos lugares onde havia várias igrejas, cada uma se encarregava de organizar as devoções ao longo do ano.

NOSSA SENHORA DAS GRAÇAS, CAPODIGIANO

2. Devoção à Mãe de Deus

A devoção a Maria, Mãe de Deus, era parte integrante da piedade popular italiana no tempo de Geraldo. Cada igreja tinha seu pequeno altar para poder rezar diante da Virgem Maria. Suas imagens ou estampas eram de vários séculos atrás. Assim, como a mãe italiana cuidava de seus filhinhos, Maria, a mãe de Jesus, cuidava dos membros mais fracos da família, isto é, de seus filhos.

Geraldo costumava ir com sua mãe, dona Benedita, rezar no santuário de Nossa Senhora das Graças em Capodigiano, que ficava em uma colina a certa distância da cidade de Muro. Para se chegar lá, era preciso atravessar um vale bastante íngreme. Ele chegou ir a esse santuário sozinho para rezar. Mais tarde, como Irmão Redentorista, viria a morrer em um outro santuário dedicado à Santíssima Virgem Maria, Mãe de Deus, em *Materdomini*.

A teologia da época frequentemente enfatizava a distância entre Deus e os assuntos humanos ou sua ira pelo pecado humano, que não poupou nem seu próprio Filho dos tormentos da Cruz. Ora, se a teologia enfatizava um Deus bravo, Maria era sempre vista como a Mãe gentil e sempre solícita, que poderia persuadir o Pai zangado para que ele tratasse os filhos rebeldes com mais piedade, amor e ternura. Em uma época em que as mães frequentemente perdiam seus bebês logo após o nascimento ou na adolescência, Maria era uma referência marcante para a mãe enlutada e sofrida por causa da morte de seu filhinho.

3. Devoção aos santos

A devoção aos santos era um elemento muito forte no Catolicismo popular italiano. Em cada igreja, havia uma estampa ou imagem desses homens e mulheres de Deus. Em uma época em que não havia televisão nem cinema, suas histórias eram contadas com bastante destaque. Os milagres, por exemplo, eram bem enfatizados. Os habitantes da pequena cidade de Muro consideravam-nos pessoas especiais, que muito ajudavam aqueles que a eles recorriam com fé e devoção. Os santos e as santas eram como os homens e as mulheres do meio do povo que, com sua sabedoria, orientavam as pessoas para seguirem no caminho certo. São Martinho de Tours, por exemplo, era considerado o Padroeiro dos cultivadores de vinho e o vinho novo, de cada ano era bebido pela primeira vez no dia de sua festa que acontecia no 11 de novembro.

Geraldo foi colocado sob a proteção de um santo local no dia em que ele foi batizado. O primeiro São Geraldo foi bispo de uma diocese local e morreu no ano de 1118. Assim como se esperava que o padrinho e a madrinha tivessem um interesse vitalício pela criança, os santos e a santas padroeiros eram considerados uma espécie de padrinhos e madrinhas celestiais. Mais tarde, quando se tornou Redentorista, Geraldo fez uma lista de 30 santos padroeiros, tendo São Miguel Arcanjo sempre à frente.

4. Em peregrinação

Ao fim de sua vida, Geraldo provavelmente tinha viajado mais longe do qualquer outro membro de sua família. Ele passou um tempo em Nápoles, a Capital, e ocasionalmente ia para a grande cidade de Foggia, que ficava na costa leste da Itália e para qual levava um dia ou mais para chegar, a fim de resolver negócios do convento onde morava. Em sua época, não havia trens, ônibus ou aviões. As poucas estradas que havia eram muito ruins. As trilhas existentes eram, em sua maioria, acidentadas e usadas frequentemente por animais de cargas ou carroças. Às vezes, as trilhas ficavam intransitáveis até mesmo para os animais, imaginemos para um ser humano! Durante as chuvas, por exemplo, só havia lama e, em outras vezes, no alto inverno, ficavam cobertas de neve. Os jornais só eram conhecidos nos grandes centros urbanos. O povo do interior não tinha notícia de nada ou esta chegava muito lentamente. O único mundo que a população rural conhecia era o que podia ser percorrido em um dia de caminhada.

O objetivo da maioria das peregrinações era visitar os lugares sagrados do local, principalmente os pequenos santuários dedicados a Nossa Senhora. O trajeto escolhido era sempre aquele que se podia fazer em até um dia de caminhada. Essas peregrinações eram feitas para agradecer aos santos as graças alcançadas ou para fazer algum pedido especial. Certa vez, quando Geraldo já estava na Congregação Redentorista, fez uma peregrinação bem dramática, que durou cerca de uma semana. As peregrinações naquele tempo eram bem populares e serviam também para conhecer o mundo um pouco mais além do próprio umbigo.

MURO, À NOITE

REGULAE
CONGREGA
TIONIS
SSMI RE
DEMPTO
RIS
PROV. 1. 8. 9.

3
Um santo na comunidade

O convento dos Redentoristas, em Deliceto, ficava a mais de 40 quilômetros de onde Geraldo recebeu do Padre Cáfaro a fria carta de admissão para ingressar na comunidade religiosa dos Missionários Redentoristas. Era maio, mês não muito quente! Possivelmente, ele não estava preocupado com as questões climáticas, queria mesmo era chegar. De Muro até o convento, Geraldo Majela teria levado, aproximadamente, umas oito horas de caminhada, pois é bem provável que ele tenha chegado até mais cedo do que o previsto ao convento redentorista.

O primeiro olhar do superior para o jovem magro, de rosto pálido e grandes olhos escuros confirmou o pequeno bilhete que Geraldo lhe entregou. O superior então o levou para dentro do convento e chamou o Irmão Leonardo a fim de arrumar um quarto para ele e apresentar-lhe a casa. Quando lhe disseram que este era um novo candidato para ser irmão, Irmão Leonardo imediatamente pensou: "Ele não será muito útil para mim quando for o tempo da colheita!"

Quem foram os Redentoristas?

Os Redentoristas eram uma ordem religiosa jovem. Geraldo era mais velho do que a comunidade redentorista em que ele estava prestes a ingressar. Essa comunidade foi fundada quando ele tinha apenas seis anos de idade e recebeu a aprovação formal do Papa apenas quatro meses antes de Geraldo chegar a Deliceto.

Afonso de Ligório (1696-1787), o fundador dos Missionários Redentoristas, era, pelos padrões da época, uma vocação tardia para o sacerdócio. Antes de fundar a Congregação Redentorista no ano de 1732, no Reino de Nápoles, havia sido um jovem e talentoso advogado. Apesar de ter sido um jurista de sucesso, perdeu o

(PÁGINA AO LADO) **SANTO AFONSO E SEUS IRMÃOS REDENTORISTAS**

IRMÃ MARIA CELESTE CROSTAROSA

encanto, sobretudo, por causa de um processo judicial desastroso. Isso o levou a abandonar o direito e se tornar padre. Por uma dessas estranhas coincidências, Afonso foi ordenado diácono no mesmo dia em que Geraldo nasceu e recebeu o Sacramento do Batismo.

Depois de alguns anos trabalhando como missionário na cidade de Nápoles e nos arredores, fez uma pausa em um pequeno lugarejo nas colinas acima da Amalfi. As vistas do mar da Vila de Scala, onde ele estava hospedado, eram espetaculares. Ainda mais espetacular foi o grau de abandono espiritual que ele testemunhou entre o povo do campo, especialmente os pastores de cabras.

Em Scala, estava Irmã Maria Celeste Crostarosa (1696-1755), que viveu várias experiências místicas extraordinárias e recebeu um chamado para refundar o convento onde vivia adequando-o à linha de uma nova regra de vida. Essa nova ordem religiosa feminina deveria ter a companhia de uma ordem religiosa masculina que empreendesse o trabalho missionário entre os pobres, imitando a vida e as virtudes de Jesus, o Salvador. A primeira vez que pôs os olhos no Padre Afonso, na sala do convento, reconheceu-o como a pessoa que aparecia em suas visões, isto é, aquele que fundaria uma nova ordem religiosa masculina. Embora Padre Afonso sempre mantivesse um pé atrás quando o assunto eram as visões místicas e extraordinárias dessa jovem e piedosa irmã, foi concorde com ela com relação a fundar uma Congregação Religiosa para pregar o Evangelho entre os mais pobres e abandonados. Essa proposta tocou profundamente seu coração e sua alma.

Poucos meses depois, ele convidou alguns de seus amigos sacerdotes de Nápoles para se juntarem a ele em Scala com o objetivo de iniciar uma comunidade para evangelizar os pobres mais abandonados do Reino de Nápoles. No dia 9 de novembro de 1732, eles celebraram juntos a Missa e fixaram residência na casa de hospedagem do convento das Irmãs. Assim, nasceu a Congregação do Santíssimo Redentor.

Apesar da explosão inicial de entusiasmo, as coisas logo começaram a dar errado para a Congregação Redentorista que tinha acabado de nascer. Na Páscoa do ano seguinte, o grupo inicial se separou do Padre Afonso. Em Scala, ele foi deixado juntamente com seu companheiro Vito Curzio, o primeiro homem a se inscrever para ingressar no grupo redentorista, não como sacerdote, mas como irmão leigo consagrado. A saída dos companheiros deixou o Padre Afonso bastante chateado. A reconstrução da Congregação Redentorista, recentemente fundada, deu-se de forma lenta e dolorosa. Quando Geraldo se inscreveu, quase 17 anos depois de sua fundação, a nova Congregação, porém resistente, começava a prosperar. Ela contava com pouco mais de 40 membros. A metade era composta de Padres, 12 eram Irmãos leigos consagrados e 8 eram jovens em preparação.

Essa vida era dura e muito exigente. O padre, sempre acompanhado por um Irmão, pregava missões, indo a pé, uma jornada que durava aproximadamente um dia de caminhada, ou a cavalo, em paróquias remotas que se encontravam espalhadas nas pequenas cidades existentes. Essas missões duravam várias semanas. Mas, se a cidade missionada fosse grande, a ação missionária durava um pouco mais. Foi na missão redentorista de Muro que Geraldo se convenceu de que Deus o estava chamando para ser um Missionário Redentorista.

Na missão, os redentoristas ficavam em uma casa alugada, com o irmão cuidando das necessidades diárias da comunidade: fazendo compras, cozinhando, orando e muitas vezes atuando como um guia espiritual não oficial para as pessoas.

A vida redentorista era igualmente dura dentro do convento. Não havia dinheiro para frescuras. A mobília dos quartos era bem básica: uma cama simples com um pano de palha, uma pequena mesa e uma cadeira nem um pouco confortável. A comida também era bastante simples, à base de vegetais. O Padre Afonso sempre brincava com seus confrades: "Deus precisava de um jumento morto em vez de um leão vivo". Ainda segundo ele, não precisava haver muita comida. Ela deveria ser saudável o suficiente para sustentar até mesmo um homem com grande apetite.

As habilidades culinárias dos Irmãos redentoristas, na maioria das vezes, eram muito fracas. Em alguns momentos eles não tinham o básico para comer. Mesmo diante dessa carestia, faziam jejum e abstinências frequentes. No tempo da Quaresma, do Advento, às sextas-feiras e também aos sábados, não se consumia carne.

Eles levantavam bem cedo e devotavam as primeiras horas do dia à meditação comunitária, à celebração da Missa e à recitação do Ofício Divino. Ao meio-dia, havia mais um outro momento de oração antes da refeição principal. À tarde, o convento guardava o silêncio por três horas, durante as quais os redentoristas faziam,

IRMÃO VITO CURZIO

por mais tempo, a oração contemplativa ou silenciosa e as leituras espirituais. À medida que a noite ia se aproximando, eles rezavam novamente o Ofício Divino e faziam uma meditação antes do jantar. Depois, realizavam as orações noturnas e, em seguida, dirigiam-se para seus quartos simples para dormir. Ainda, durante o dia, visitavam o Santíssimo Sacramento e a Santíssima Virgem Maria, rezavam com devoção e fervor o rosário e faziam o caminho da Cruz, isto é, a Via-Sacra e outras orações devocionais. No restante do tempo, os Padres e os discentes estudavam teologia, e os Irmãos faziam os trabalhos domésticos, cuidavam da horta e do jardim.

Em cada convento, havia uma pequena capela, onde se celebrava diariamente a missa para o povo; sermões e devoções especiais aconteciam várias vezes por semana, e os padres ficavam diariamente disponíveis para atender o povo em confissão.

A maior parte dos trabalhos domésticos eram feitos pelos Irmãos redentoristas, que não queriam ser ordenados sacerdotes, apenas se associarem aos trabalhos missionários e viverem religiosamente como redentoristas. Tudo o que os Padres, os Irmãos e os estudantes queriam era imitar Cristo Redentor, seguindo o mais perto possível seu caminho de Jesus. Por isso eles eram incentivados a praticar, a cada mês, uma virtude particular de Jesus.

A nova casa de Geraldo

A nova casa de Geraldo foi um pequeno convento, dedicado a Nossa Senhora da Consolação, a quase 5 quilômetros da cidade de Deliceto. Foi beato Felix Corsano quem o construiu para os Frades Agostinianos no século XV. Duzentos anos depois de sua construção, eles foram forçados a abandoná-la. Quando o Padre Afonso e seus confrades chegaram, em 1744, em busca de um lar para fundar uma comunidade religiosa, foram informados a respeito do convento dos Frades Agostinianos, que estava desocupado, desde o dia que seus antigos moradores foram dele expulsos, e em total ruína. Mesmo assim, Padre Afonso gostou muito do ambiente rural pacífico, das boas-vindas que eles receberam dos vizinhos e também de um tipo especial de queijo local. Deliceto parecia ser uma base ideal para as missões. Havia no local muita paz e tranquilidade, que inspiraram o Padre Afonso a fazer dessa nova comunidade o noviciado para formar os futuros missionários redentoristas. O número de candidatos que se inscreviam para entrar na Congregação Redentorista estava aumentando. Logo naquele convento haveriam seis Padres, três Irmãos e alguns noviços.

Um dos primeiros ficou menos impressionado com o que viu. Assim ele escreveu:

> Fome e necessidade eram a norma. Nossa comida comum era sopa de legumes, geralmente malcozida, pois o fogão não era adequado para cozinhar as demandas que estavam sendo feitas nele. As correntes de ar frio sopravam pelas frestas das janelas à noite. No inverno, nós ficávamos presos *à neve* e muitas vezes nós ficávamos sem farinha e, consequentemente, sem pão. Sofríamos até mesmo para celebrar a Missa no inverno. Celebrar a Missa no inverno era uma tortura, pois nossas mãos ficavam totalmente congeladas e os dedos ficavam tão dormentes que era quase impossível segurar a Hóstia Sagrada.

Pode ser que outros redentoristas da comunidade tenham também externado suas reclamações e dificuldades. O fato é que o Padre Afonso os lembrou de que eles "não tinham vindo *às montanhas de* Deliceto para se divertir, mas, tão somente, para sofrer pelo amor de Jesus Cristo".

O Irmão redentorista não entrava diretamente no noviciado nem recebia imediatamente o hábito. Passava os primeiros meses como postulante, isto é, como aquele que pede admissão para entrar. Durante esse tempo, os irmãos postulantes aproveitavam para conhecer o modo de se viver da comunidade religiosa e o trabalho que eles deveriam realizar nas dependências do convento redentorista.

Um dos padres, o ministro ou ecônomo da comunidade costumava cuidar dos recém-chegados, apresentando-os à vida da comunidade e ensinando-os a fazer as meditações ao longo do dia. O mais experiente dos irmãos era também designado para acolher os que chegavam ao pobre convento e apresentá-los aos duros trabalhos.

MOSTEIRO EM DELICETO

Geraldo não precisava de muitas instruções quando o assunto era meditações, jejuns e as mais variadas práticas penitenciais. Todas essas coisas ele já fazia quando vivia com sua pobre e piedosa família, em sua cidade natal. Ele sabia ler e escrever, um privilégio em sua época. Assim sendo, havia lido uma quantidade incrível de livros espirituais clássicos. Para um jovem pobre, trabalhador do campo e com pouca instrução acadêmica saber ler e escrever, como já disse, era um grande privilégio.

O Irmão Redentorista Leonardo, responsável pela administração da horta do convento, foi designado para apresentar a Geraldo a vida redentorista e os trabalhos que ele deveria fazer diariamente. Com um tour rápido pela propriedade, mostrou-lhe que teria de cuidar do feno, que logo estaria pronto para ser guardado, e dar conta de todos os alimentos que já estavam prontos para serem colhidos. Quando viu a aparência de Geraldo, não ficou totalmente convencido de que ele conseguiria executar aqueles duros trabalhos. Em sua compreensão, ele não iria aguentar mais do que alguns dias ou algumas semanas de trabalho duro e logo voltaria para sua casa.

Geraldo sabia que ele iria ser colocado à prova. Sua primeira tarefa foi limpar um terreno e deixá-lo de tal modo preparado para o plantio de hortaliças. Trabalhou com muita dedicação e logo percebeu que o Irmão Leonardo não estava conseguindo acompanhar seu ritmo, pois já era de idade avançada. Por isso lhe disse: "Deixe-me fazer isso. Eu sou mais jovem".

Além da execução dos duros trabalhos externos, que não eram poucos, Geraldo tinha de dar conta dos trabalhos internos, isto é, tinha de limpar todo o interior do convento, arrumar a sala de jantar para as refeições, lavar a louça e ajudar na cozinha. Nos dias de cozedura, tinha de cortar lenha, acender o fogo do forno, preparar a massa e retirar os pães do forno. Quanto trabalho! O ofício de alfaiate muito o ajudou e foi uma dádiva de Deus para essa comunidade. Ele consertava e fazia novos hábitos, roupas de cama e toalhas para os altares da capela. Certa vez, quando ele teve uma pequena folga de suas tarefas normais, foi ajudar a demolir o pouco que sobrou do antigo convento dos Frades Agostinianos para abrir um caminho para o novo edifício redentorista. Aquele, que tinha sido chamado pelo Padre Cáfaro de inútil, tornou-se um membro indispensável dentro da comunidade redentorista.

Geraldo, o Redentorista

Depois de alguns meses como postulante, sua formação começou para valer. No Natal de 1749, recebeu o hábito e iniciou a primeira parte do noviciado. Esse foi um momento muito especial para ele. As orações eram bem intensas. Parecia que já estava vivendo no céu. Em seu autoexame de consciência, confirmava sua vocação dizendo que Deus o estava realmente chamando para passar o resto de sua vida junto com os Missionários Redentoristas. Depois de seis meses de duro noviciado, retornou para sua vida normal no convento, agora como um Irmão Redentorista.

Depois, em janeiro de 1752, iniciou seu segundo noviciado, em preparação para sua profissão religiosa. Finalmente, no dia 16 de julho de 1752, na Solenidade do Santíssimo Redentor, fez os quatro votos na Congregação Redentorista, que consistiam em: pobreza, castidade, obediência e também perseverança, para permanecer por toda a vida na congregação. Os Redentoristas fizeram o voto de perseverança muito antes de receberem da Igreja sua aprovação plena.

Um homem de oração

Geraldo queria ser membro de uma comunidade religiosa para se dedicar de todo o coração às coisas de Deus. Para ele isso significava ter uma vida de oração, que lhe foi concedida pela regra redentorista. A oração foi uma das bases de fundação sobre a qual todas as outras partes da vida diária redentorista foram construídas. Geraldo não se contentava com aquele duro regime quando o assunto era a oração. Ele queria mais e mais. Por isso, em seus poucos momentos de ociosidade, aproveitava para intensificar ainda mais sua práxis oracional. Em seu tempo "livre" passava diante do Santíssimo Sacramento em profundo recolhimento. Mesmo durante o penoso trabalho, dava um jeito de se perder totalmente nas coisas de Deus.

Muitos dos grandes místicos da Igreja, como Santa Teresa de Ávila e Santo Padre Pio, passaram por momentos em que pareciam estar totalmente perdidos em Deus. Eles pareciam sair de seus próprios corpos, cujo termo técnico é êxtase, por um curto período de tempo. Alguns dos que viveram com Geraldo, inclusive os primeiros Redentoristas que escreveram a respeito de sua vida, registraram muitos desses momentos de êxtase. Coisas muito simples, como avistar um belo crucifixo ou uma imagem de Maria, faziam-no entrar em êxtase, isto é, sair de si para mergulhar totalmente no mistério salvífico de Deus.

Em uma ocasião, Geraldo estava preparando a mesa para alguns visitantes que estavam em retiro espiritual no convento. Enquanto trabalhava intensamente, avistou um quadro de Jesus Cristo com uma coroa de espinhos na sala de jantar. Provavelmente, via todos os dias esse quadro. No entanto, naquele dia, estava tão envolvido com o mistério de Jesus Cristo sofredor que ele, prontamente, entrou em êxtase. O Irmão redentorista que trabalhava com ele tentou chamar sua atenção, pois os visitantes logo estariam chegando e a mesa ainda não estava pronta, mas ele continuou com os olhos fixos em Jesus, o servo sofredor. Desesperado e sem saber mais o que fazer, saiu correndo e foi chamar o Padre Cáfaro, que prontamente ordenou que ele acordasse, isto é, voltasse do êxtase, e continuasse, imediatamente, seu trabalho. Diante de tal ordem, ele voltou imediatamente para si e continuou o trabalho que lhe foi confiado.

A devoção à Paixão de Jesus era muito forte entre os primeiros Redentoristas. Padre Afonso de Ligório, muitas vezes, escreveu e pregou sobre Jesus crucificado: o servo sofredor, cuja Paixão mexeu profundamente com sua vida. Na verdade, suas orações sobre o caminho da cruz são frequentemente encontradas nos livros de oração católicos. Com Geraldo não foi diferente. Para ele, por exemplo, a Paixão de Cristo foi a expressão suprema do amor de Deus pela humanidade. Sexta-feira, especialmente a Sexta-feira da Paixão, era o dia em que ele se voltava intensamente para Jesus crucificado. Essa práxis era também experimentada por outras comunidades religiosas no reino de Nápoles, e não somente pelos Redentoristas. Às sextas-feiras, Geraldo vivia em si mesmo, literalmente, a Paixão e Morte de Jesus. Os Redentoristas, por sua vez, várias vezes por semana praticavam um flagelo simbólico pela via da oração como um ato de devoção e reconhecimento do sofrimento de Jesus na cruz por nós pecadores. Esse flagelo simbólico causava pouca dor física. Geraldo, porém, queria muito mais. Para ele o autoflagelo era uma forma de experimentar, aqui e agora, no próprio corpo, as dores reais que Jesus sentiu em seu flagelo. Por isso ele se flagelava frequentemente; muitas vezes, chegava a sangrar.

Quando se tratava de "abnegação", Geraldo também não brincava. Uma das frases mais lembradas de Jesus é: "Se alguém quiser ser meu discípulo, renuncie a si mesmo, tome sua cruz e siga-me" (Mt 16,24). Essa palavra poderia ser melhor usada em pequenas coisas, como evitar comidas agradáveis ou suportar o frio do inverno sem reclamar. Os escritores espirituais, às vezes, calculavam o número de atos de abnegação que poderia ser praticado ao se fazer algo tão simples, como comer um ovo cozido sem sal, não remover um pedaço de casca caído na gema do ovo, e assim por diante. E ele se tornou um especialista nisso. Não raramente, misturava ervas amargas em sua comida para estragar o sabor. Não comia a fruta que era servida no fim da refeição em alguns dias da semana. Também não se aproximava do calor fogo para se aquecer nos dias extremamente frios do alto inverno. Foram gestos como esses que o ensinaram, de forma mais realista, o significado da cruz de Jesus.

Um homem obediente

As comunidades de vida religiosa, na época de Geraldo, interpretavam o voto de obediência de forma literal, isto é, com extremo rigor ou exatidão. No passado, mulheres e homens religiosos alcançavam a obediência perfeita quando obedeciam, cegamente, até mesmo a menor de todas a instruções dadas pelo superior sem o menor questionamento. Geraldo, por exemplo, praticava seu voto de obediência de forma literal. Ele nunca questionou uma única decisão tomada por seus superiores. Às vezes, em nome da obediência, ele fazia coisas absurdas que fazem rir.

Certa ocasião, seu superior, em um acesso de irritação, disse para ele: "Ah, vá logo se enfornar". Ele saiu da sala, o mais rápido que pôde. Mais tarde, quando o irmão foi até o forno para assar alguns pães, encontrou-o enrolado dentro do forno rezando seu rosário. O irmão padeiro perguntou: "O que você está fazendo aí dentro do forno? Por favor saia já daí porque vou assar o pão da comunidade". Ele respondeu dizendo que o Padre Superior tinha pedido que se trancasse dentro do forno e se recusou a sair. Foi preciso chamar o Padre Superior para retirá-lo de lá.

Em outra ocasião, o mesmo Padre pediu a ele que levasse uma mensagem. Como o lugar era distante, o sacerdote deu-lhe licença de levar o cavalo da comunidade. Geraldo assim o fez, prontamente. Algumas horas depois, o Padre encontrou Geraldo banhado em suor e puxando o cavalo pelas rédeas. Intrigado com o que viu, foi logo perguntando: "Por que você está andando e guiando o cavalo? Por que não está você montado no cavalo?" Geraldo respondeu: "O senhor disse para eu levar o cavalo. Mas nada disse sobre montá-lo". Se você fosse superior de Geraldo, deveria ter muito cuidado com o que dizer a ele!

No início de sua estada em Deliceto, teve a infelicidade de encontrar um Superior temporário particularmente muito exigente, cujo nome era Padre Mateus Criscuoli. Apesar de jovem, ele já constituía um problema para seus confrades, principalmente, quando esse confrade era um Irmão leigo. O Padre Mateus era temperamental e muito mal-humorado. Ele não se adequava à vida de missionário paroquial. Certa vez, quando todos os Padres disponíveis saíram para uma grande missão, ele ficou encarregado da pequena comunidade redentorista de irmãos e de um estudante, que estava passando algum tempo em Deliceto.

Valentão e grosso que era, não demorou muito para implicar com Geraldo. E como ele implicou! Misericórdia! Tudo que o jovem fazia ele não aprovava. Ele o repreendia publicamente, mesmo diante das pequenas falhas. Certa vez, tomado de extrema raiva, obrigou Geraldo a comer ajoelhado ou sentado no chão. Em outros momentos, proibiu-o de fazer qualquer refeição. O castigo maior que ele deu para Geraldo foi proibi-lo de receber a Sagrada Comunhão. Ele podia deixar de comer qualquer alimento perecível. Mas proibi-lo de comungar impôs um enorme sofrimento, pois ele era um nada sem a Sagrada Comunhão. No entanto Geraldo surpreendeu a todos. Ele não pronunciou uma única palavra de reclamação. Em silêncio ele obedeceu, literalmente, a todas as ordens dadas pelo difícil e zangado Padre como se ele fosse o superior mais amável de todos os tempos. O estudante Antonio Tannoia, que estava passando uns dias com os redentoristas e que mais tarde escreveu uma biografia a respeito de Geraldo, ficou chocado com o que viu. Ele, pela mesma forma, ficou intrigado com a reação silenciosa de Geraldo diante de tantos maus-tratos e tantas humilhações. O jovem estudante disse para si mesmo: "Ou Geraldo é simplório que não entende o que está acontecendo aqui, ou ele é um santo". Quando os Padres voltaram da grande missão, trouxeram também um pouco de alívio. Um Irmão redentorista comentou com Geraldo se ele estava feliz com o fim do reinado do violento Padre Mateus. Geraldo respondeu assim: "Oh não, eu perdi meu melhor amigo".

PADRE PAULO CÁFARO

Um leitor de corações

Geraldo tinha uma capacidade extraordinária de entrar, não somente no mistério de Deus, mas também no interior das pessoas que com ele conversavam. Parecia que ele tinha uma maneira instintiva de perceber que, por trás do exterior, na intimidade do coração, alguma coisa poderia não estar indo bem.

DOMINGOS BLASUCCI, 1732-1752

Em sua comunidade religiosa, sempre estava muito atento ao que estava acontecendo com seus confrades. Facilmente identificava quando um ou outro estava deprimido. Ao perceber o menor sinal de tristeza ou desânimo, lá estava Geraldo puxando conversa para ajudar seu confrade a retomar a vida e perceber nela, apesar das dificuldades de cada dia, a presença amorosa de Deus. Mesmo a vida sendo dura, ela deve ser sempre reconhecida como dom e graça de Deus. O Padre Paulo Cáfaro, aquele que outrora recomendou Geraldo com a mais fria carta de apresentação, apesar de ter fama de bom pregador, era um homem que sofria com o mal da depressão e com o mal da escrupulosidade. Geraldo o ajudou muito durante suas crises de depressão e escrupulosidade. Quanta paciência e ternura teve com esse e outros confrades seus. Conta-se que, quando chegou a notícia da morte do Padre, ele compartilhou seu pensamento com sua comunidade religiosa, dizendo que o Padre Paulo Cáfaro merecia compartilhar um lugar no céu junto de seu ilustre xará, o Apóstolo São Paulo, pois tinha como seu santo patrono sofrido muito com um "espinho na carne": a depressão e a escrupulosidade.

Sua atenção afetuosa para com as pessoas mais abandonadas e necessitadas era impossível de ser medida. Certa vez, um jovem estudante, conterrâneo seu, chamado Domingos Blasucci, e alguns anos mais novo do que ele, quando estava se preparando para o sacerdócio, contraiu a tuberculose. Assim que a doença foi diagnosticada, ele foi mandado para o convento redentorista de Deliceto para se recuperar no campo. Geraldo Majela não demorou muito para perceber o sofrimento e o desânimo daquele jovem de apenas 19 anos. Fisicamente frágil e por causa da tuberculose, que é uma doença contagiosa, ele ficava isolado de tudo e de todos. Ele gostava de ir à alfaiataria do convento para conversar com Geraldo, e nunca foi mandado embora de lá. Os dois se tornaram dois grandes amigos. Por sua vez, Domingos Blasucci ajudou Geraldo. Um dia ele chegou à alfaiataria e percebeu que Geraldo estava muito triste e parecia estar com uma profunda depressão. A tristeza não fazia parte de sua vida! Domingos Blasucci, vendo essa tristeza, aproximou-se dele e, com ternura, traçou o sinal da Santa Cruz em sua testa. Instantaneamente, a tristeza e aquela profunda depressão, que o massacravam, dissiparam-se e ele voltou a sorrir. Antes de Domingos Blasucci partir, Geraldo o convidou para fazer um pacto de que eles rezariam uma Ave-Maria um pelo outro pelo resto de sua vida. Mais tarde, enquanto estava morrendo, o jovem pediu a alguém que avisasse Geraldo de que ele havia cumprido sua parte no trato.

O Padre Afonso de Ligório sempre quis que as casas de sua congregação fossem grandes o suficiente para que padres e leigos pudessem vir passar alguns dias de retiro espiritual. A chegada de um grande contingente de retirantes geralmente significava que todos os espaços da casa ficariam disponíveis para eles. Inclusive os quartos dos membros da comunidade. Geraldo prontamente cedeu sua cama para um visitante sem murmurar e passou a dormir em um lugar bastante apertado na parte de trás do altar-mor da capela.

Às vezes, também era capaz de ler os sinais e perceber, entre os retirantes, aqueles que precisavam de uma ajuda espiritual extra ou de algum outro tipo de encorajamento. Ele não perdia tempo. Silenciosamente, como quem nada quer, ia com seu jeitinho conversando com os retirantes. Assim que percebia um determinado problema mais grave, imediatamente encaminhava o retirante para o sacerdote, para que pudesse fazer uma boa confissão. Vários retirantes, quando se encontravam diante do padre confessor, relatavam que ali estavam porque Geraldo os havia orientado a abrir o coração no Sacramento da Confissão.

Angariação de fundos

A reconstrução do convento em ruínas de Deliceto acabou se tornando um negócio caro, e os Redentoristas não tinham renda regular suficiente para bancar a reforma. À medida que o novo edifício avançava, as pessoas da cidade pensavam que poderiam ter cometido um erro ao entregar aquele patrimônio histórico (século XV), pois, depois de pronto, poderia se tornar o novo seminário para a diocese local. O antigo prédio estava dando lugar para uma nova construção. O Padre Afonso, para não correr nenhum risco no presente e no futuro, providenciou a transferência de seus alunos clérigos e professores para o convento. O acréscimo de uma dúzia de jovens saudáveis, e com bastante apetite, e de mais três ou quatro professores foi um fardo adicional para a já empobrecida comunidade redentorista. Nada se podia fazer senão uma campanha bem-organizada de arrecadação de fundos para ajudar nas despesas. E a comunidade achou que o melhor redentorista para organizar e liderar essa campanha para angariar fundos seria Geraldo Majela.

O jeito fácil de ser e agir de Geraldo o tornava favorito para o exercício dessa importante missão, pois com certeza conquistaria, com sua ternura e bom testemunho, o coração dos possíveis benfeitores que ele iria visitar. Alguns deles pertenciam à pequena nobreza do reino de Nápoles ou à confortável classe média de profissionais. Essa missão de angariar fundos para seu próprio convento era uma novidade para ele.

Geraldo continuou nutrindo, da melhor maneira que pôde, uma vida pobre e simples de religioso. Mesmo estando no relativo conforto da casa de seus anfitriões, comportava-se como se estivesse dentro de sua comunidade. Por onde ele passava, as pessoas comentavam que ele dormia no chão. Quando despertava, desarrumava os lençóis para não suspeitarem disso. Comia muito pouco, mesmo estando diante de uma mesa farta. No almoço e no jantar, colocava algumas pitadas de ervas amargas sobre a comida que lhe era oferecida como exercício penitencial. Em uma ocasião, um padre e sua mãe notaram o que fez na comida. Ambos pegaram uma garfada de macarrão do prato de Geraldo para o experimentar, mas o cheiro foi suficiente para impedi-los de comer. O gosto era simplesmente horrível. Com o tempo, começou a adquirir uma reputação de que ele era um homem que tinha o dom da cura. Frequentemente, era levado para visitar os enfermos, e suas orações fervorosas e muito piedosas aliviavam os doentes de seus sofrimentos.

Além de arrecadar fundos para o convento, também participou da tradicional "busca", da qual as ordens mendicantes, tais como franciscanos, dominicanos, carmelitas e agostinianos, recebiam o privilégio de participar, pedindo contribuições da colheita e safra das comunidades agrícolas existentes ao redor de seus respectivos conventos e mosteiros. Os Redentoristas, estritamente falando, não tinham direito a esse privilégio tradicional, por não serem de uma ordem mendicante. No entanto, devido à extrema necessidade de algumas de suas comunidades, os bispos locais foram concordes, ocasionalmente, em conceder-lhes esse privilégio. E Geraldo era sempre escalado para esse trabalho.

Em uma ocasião, sua "busca" o levou até sua pequena cidade natal: Muro. A essa altura, dona Benedita Gallela já havia morrido e não havia lugar para Geraldo na casa de suas irmãs, que, por sua vez, já estavam casadas e cujos filhos estavam em pleno crescimento. Ele não se deixou abater por isso e foi ao encontro de um antigo amigo de sua família, o relojoeiro Alexandre Piccolo, cujo filho de 10 anos, que se chamava Pascal, ficou tão feliz com sua presença que decidiu ajudá-lo em sua missão de angariar fundos. Enquanto Geraldo caminhava pelas ruas da pequena cidade de Muro, Pascal ia correndo na frente, batendo nas portas dos moradores humildes e pedindo que todos fossem legais e generosos com seu conterrâneo: o piedoso e bom amigo Geraldo Majela. A pequena população prontamente atendeu o pedido de Pascal. Cada um ajudou como pôde.

A empolgação do menino, que estava muito contente por estar na companhia de Geraldo, era demais. Entretanto, em uma das ruas sinuosas, o garoto perdeu o equilíbrio, caiu, bateu sua cabeça em uma rocha e desmaiou. Para algumas pessoas, ele havia morrido. Uma multidão se reuniu a seu redor. Algumas pessoas, desesperadas, começaram a gritar: "O pobre menino está morto!" Geraldo, que abriu caminho entre aquelas pessoas desesperadas, ao encontrar aos prantos Alexandre Piccolo, tranquilizou-o dizendo: "Não é nada, não se preocupe". Nesse momento, o menino Pascal foi colocado sobre uma cama, Geraldo se aproximou dele e fez o sinal da cruz em sua testa. De repente, o milagre aconteceu: aquele que estava desacordado, semimorto, finalmente começou a dar sinais de vida.

Geraldo, o pacificador

Havia pouca força policial ou aplicação da lei na Itália em seu tempo. Brigas entre jovens por prêmios de honra eram comuns. Às vezes, estas, em nome da limpeza da honra pessoal ou familiar, resultavam na morte dos participantes. As divergências eram resolvidas no antigo princípio bíblico: "olho por olho, dente por dente, vida por vida".

Na cidade de Castelegrande, não muito longe de Muro, por exemplo, uma briga entre dois primos custou a vida de um deles. Francisco Caruso, um jovem de 20 anos de idade, foi morto a facadas por seu próprio primo Martin Caruso, um jovem advogado. O assassinato dividiu a pequena cidade de Muro. Os pais de Francisco Caruso estavam inflexíveis. Eles não se conformavam com o fato acontecido, por isso não iriam deixar as coisas passarem. Eles estavam, dessa forma, decididos que iriam se vingar matando, igualmente, Martin Caruso, o assassino de seu filho. No presente, como no passado, muitos são os que apostam na prática da vingança e não do perdão ou da misericórdia. A mãe de Francisco Caruso, dona Teresa Caruso, guardou em um baú as roupas manchadas de sangue que seu filho estava usando antes de ser assassinado por seu primo. As roupas sujas de sangue serviam como um lembrete do terrível mal que a família Caruso tinha sofrido.

Por vários anos, a pequena cidade permaneceu dividida. Os líderes comunitários estavam todos impotentes diante do impasse provocado pelo assassinato ocorrido. Os líderes comunitários de Muro estavam todos, emocionalmente falando, abalados com o crime. Afinal de contas, eles eram parentes uns dos outros e não tinham condições, físicas e psicológicas, para exercerem o papel de pacificadores. O gosto pela vingança era mais forte entre eles. Durante a missão redentorista em uma paróquia vizinha, alguns membros da família Caruso se aproximaram do Padre Cáfaro e pediram sua ajuda para solucionar aquele impasse que os estava consumindo. Ao tomar conhecimento disso, o Padre Cáfaro mandou chamar Geraldo Majela, que, ao chegar na companhia do Irmão Francisco Fiore, foi imediatamente ver Dom Marco Caruso, pai do jovem que tinha sido assassinado.

A primeira reunião com as famílias envolvidas não foi um sucesso, mas Geraldo não era homem de desistir muito fácil das coisas impossíveis. Imediatamente, marcou um segundo encontro. Enquanto conversava com Dom Marco Caruso, pediu para o Irmão Francisco Fiore passar um tempo na igreja orando por um bom resultado. E deu certo. Dessa vez, dom Marco Caruso declarou-se pronto para fazer as pazes com o assassino de seu filho e seus familiares. Mas, infelizmente, o inesperado aconteceu, porque não contavam com o sentimento irredutível de dona Teresa Caruso. Ela foi até seu marido e jogou em seus pés as roupas manchadas de sangue de seu filho. Estava com muito ódio e uma vontade, sem medida, de se vingar. Olhando seu marido com muito ódio, disse: "Estas são as roupas de seu filho assassinado! Dê uma boa olhada nelas, então, se você tiver coragem, vá e abrace aqueles que o mataram. Essas roupas, manchadas de sangue, estão clamando por vingança eterna contra o assassino de seu filho". Para completar, as duas irmãs do defunto juntaram suas lágrimas às de sua mãe. Havia pouco que Dom Marco pudesse fazer.

Diante do ocorrido, Geraldo não se deixou abater. Retornou até a casa da família e se reuniu com pais e as irmãs Caruso e, em voz baixa, pediu-lhes que participassem de um grande ato de perdão. Dom Marco, diante do pedido de Geraldo, só conseguiu pronunciar uma única palavra: "Impossível". Dona Teresa explodiu em uma torrente de raiva.

Nesse momento, Geraldo mostrou para a família Caruso sua própria relíquia toda manchada de sangue, fruto de uma morte extremamente violenta: o crucifixo que ele usava como parte de seu hábito. Depois o colocou no chão diante dos pais do jovem e os convidou a pisar o crucifixo. Horrorizados, eles recuaram. Por três vezes, pediu que pisassem o crucifixo. Depois disse bem baixinho: "O teu filho não pode descansar. Ficará no purgatório por causa de tua obstinação. Se quiseres que ele descanse, faz as pazes imediatamente, depois reza a missa para o repouso de sua alma. Se não fizeres isso, Francisco permanecerá no purgatório e algo terrível vai acontecer. O que é, eu não sei, mas tenham certeza de que vai acontecer". Dito isso, com um gesto brusco, virou-se e caminhou para a direção da porta decidido a sair e não mais voltar. Então, Dom Marco Caruso e sua esposa o impediram, dizendo: "Não, nós vamos fazer o que está nos pedindo".

Geraldo, como pacificador, chamou as duas famílias que, em lágrimas, se abraçaram e trocaram beijos de paz.

Recrutamento para os conventos

As viagens de Geraldo o colocaram em contato com muitos conventos da região de Muro e vizinhança. Ele gostava muito de visitar as irmãs religiosas e acabou se tornando o diretor espiritual de algumas delas. Sua popularidade era tanta diante das irmãs religiosas que até as enfermas, que ficavam no claustro, queriam conversar com ele, que era muito agradável. Todos queriam estar junto dele, a fim de escutá-lo. Tinha, por exemplo, licença para entrar frequentemente nos claustros dos mosteiros de vida contemplativa, que eram hermeticamente fechados. Essa licença era um direito reservado, tão somente, para o padre quando ia ministrar os Sacramentos.

Geraldo tinha uma predileção por duas comunidades religiosas. Particularmente, gostava das Irmãs Redentoristas de Foggia e da Irmãs Carmelitas de Ripacandida, ambas fundadas em Scala, no reino de Nápoles. As Redentoristas são as irmãs mais velhas da família do Santíssimo Redentor. Por uma triste mudança de situação, Irmã Maria Celeste Crostarosa, fundadora da Irmãs Redentoristas, foi forçada a deixar a comunidade em Scala, cerca de um ano após a fundação da Congregação do Santíssimo Salvador, posteriormente, chamada de Congregação do Santíssimo Redentor. Depois de vários anos vagando em busca de uma casa em outro convento, a Irmã Maria Celeste veio, finalmente, para Foggia. O hábito azul e vermelho das Irmãs Redentoristas foi retomado e, com ele, seu estilo distinto de vida contemplativa baseado em ser "a memória viva" de Cristo Redentor.

Em uma de suas viagens de negócio em Foggia, Geraldo conheceu a Irmã Maria Celeste pela primeira vez. Os dois acabaram se tornando grandes amigos. A partir daí, o Convento da Irmãs Redentoristas tornou-se um dos conventos favoritos de Geraldo. Sempre que possível, encontrava-se com elas.

Ripacandida ficava um pouco mais de 60 quilômetros de Deliceto e teremos motivos para examiná-la mais de perto no capítulo seguinte, quando lermos algumas cartas de Geraldo às irmãs dessa comunidade.

Não é de todo inesperado que Geraldo se tornou o agente de recrutamento para algumas dessas comunidades religiosas femininas. Suas convicções sobre o valor da vida religiosa e sua luta para entrar na própria comunidade deram a ele uma simpatia imediata por qualquer pessoa na mesma situação. Algumas jovens que Geraldo conheceu em suas expedições, para arrecadar fundos, enfrentaram grande oposição por parte de suas famílias no que diz respeito a sua entrada para o convento. Na época de Geraldo, a única forma de vida religiosa conhecida nas partes rurais do reino de Nápoles era a do tipo contemplativo, estritamente fechado. Entrar para um convento longe de casa significava uma ruptura completa com a família. As comunidades religiosas de vida contemplativa exigiam das famílias, em sua maioria muito pobres, um montante significante de dinheiro como dote, para que a comunidade que tinha poucas rendas pudesse se sustentar. Normalmente, esse montante era o equivalente à soma de dinheiro que se esperava que uma moça de uma boa família trouxesse para seu casamento. Quando havia outras irmãs na fila para se casar, sustentar a entrada de uma filha no convento era um fardo adicional para as famílias, especialmente quando não havia nenhum dos benefícios que um casamento socialmente bem colocado poderia trazer.

Geraldo, às vezes, assumia ajudar a alçar o valor de um dote recorrendo a seus amigos ricos. Quando uma jovem provava ser inadequada para a vida no convento, a reverenda madre sugeria que o dote alcançado poderia ser usado para ajudá-la a encontrar um bom marido. Geraldo ficava indignado com essas coisas, horrorizado quando as madres recusavam as jovens em seus conventos. Quando isso acontecia, ele dizia: "Não estou no negócio de casamenteiro, mas em ajudar as moças a realizar seu desejo de entrar no convento".

Às vezes, ele assumia a tarefa de acompanhar a futura noviça até sua nova casa religiosa. Em uma ocasião, ele estava levando sua jovem sobrinha para o convento das Irmãs Redentoristas. Quando eles chegaram a um rio que estava transbordando, voltou-se para sua sobrinha e foi logo dizendo: "Você pretende se tornar uma santa no convento? Do contrário, eu a atiro no rio!" A jovem ficou apavorada diante das palavras do tio, que não demorou muito a lhe dar um largo sorriso.

Como veremos no capítulo 5, o ministério de recrutamento para os conventos causou a Geraldo as trevas mais profundas de sua curta vida.

4
Em peregrinação com Geraldo Majela

A peregrinação era uma característica comum da vida religiosa entre os religiosos italianos no tempo de Geraldo. Em cada uma das regiões da Itália tem, evidentemente, seus "lugares sagrados" – Santuários dedicados para homenagear a Santíssima Virgem Maria ou um Túmulo de um Santo querido para ser visitado. A maioria das peregrinações eram destinadas para uma pequena aldeia localizada a 40 quilômetros de distância; outras para lugares mais distantes, como, por exemplo, Roma ou Loreto, no entanto seus custos eram bastante caros para a maioria das pessoas trabalhadoras do interior.

Um dos santuários sagrados mais antigos e conhecidos do sul da Itália era o de São Miguel Arcanjo, que se localizava no cume do Monte Gargano. A montanha fica cerca de 1500 metros acima do nível do Mar Adriático, na costa leste da Itália. O Santuário de São Miguel Arcanjo atraía peregrinos desde o século V. Em uma época em que somente os muito ricos tinham dinheiro para fazer férias, uma peregrinação era uma oportunidade, que os mais pobres tinham, de escapar da monotonia da vida cotidiana. As peregrinações no tempo de Geraldo tinham, não somente um papel religioso, mas também social. Era um momento de conhecer novos lugares e novas pessoas. Por não haver um sistema de transporte público, os peregrinos viajavam à pé, e os que possuíam dinheiro alugavam um cavalo ou uma mula.

Deliceto era uma casa de estudantes onde cerca de uma dúzia de rapazes viviam enquanto se preparavam para receber a ordenação sacerdotal. Esses seminaristas

A PEQUENA CIDADE DE DELICETO

seguiam um regime diário de oração e trabalho como os demais membros da comunidade. Tinham também várias horas de palestras e estudos complementares todos os dias. Essa rotina se repetia aos domingos e dias de festas. Havia também momentos de recreação.

Santo Afonso estava determinado a dar a eles a melhor formação possível. Queria que os rapazes estivessem bem-preparados antes de receberem a ordenação sacerdotal. A maioria de seus confrades, quando se juntou a ele, já havia concluído o curso de teologia e já tinha sido ordenada. Em poucos anos, os homens mais jovens estavam pedindo para fazer parte da comunidade redentorista recentemente fundada. Eles estavam se sentindo atraídos por seu estilo radical. Os futuros seminaristas estavam sendo inspirados, não somente pela radicalidade da vida Redentorista, mas também pelo programa dinâmico de pregação do Evangelho por meio das missões populares paroquiais. Formá-los para esse apostolado missionário foi para o Padre Afonso um grande desafio. Ciente de seu valor e de sua importância, escolheu a dedo alguns de seus melhores confrades para ficarem em casa ensinando-os como pregar a Missão. Sem uma boa formação, não há bons pregadores.

O próprio Padre Afonso ensinou para seus seminaristas a Teologia Moral, pois ele reconhecia a importância da formação do padre redentorista que ouvia as confissões das pessoas como parte central de seu trabalho. No passado, bem como agora no presente, fez-se extremamente necessário que o Redentorista tivesse uma boa formação moral para melhor poder orientar o cristão, que vem até ele pela via do Sacramento da Reconciliação.

Afonso estava muito insatisfeito com a qualidade dos livros didáticos disponíveis em seu tempo. Muitos deles continham uma teologia tão laxista e frouxa que não oferecia nenhum desafio para uma vida cristã séria. Por outro lado, havia algumas *práxis* teológicas fundamentadas no rigorismo, que tornavam o sacramento da confissão um enorme obstáculo para quem queria recomeçar uma nova vida moral e cristã. Diante dos fatos, a solução para tal impasse foi investir na produção de um bom livro didático, sobretudo, no campo da moral, que pudesse ajudar na formação dos missionários. Foi aí que o Padre Afonso teve a inspiração, à luz de suas anotações pessoais para as aulas, de escrever sua própria Teologia Moral. Para tal fim, trabalhou diligentemente. Em 1753, apareceu a primeira edição de sua obra de Teologia Moral. Mais tarde, ela foi reeditada várias vezes ao longo de toda a sua vida e se tornou, até os dias de hoje, um dos livros mais importantes da história da Teologia Moral.

Para ensinar as outras disciplinas, ele solicitou a ajuda de novos sacerdotes que eram bons e muito estudiosos. Um de seus melhores professores foi o Padre Alexandre di Meo, cujo aprendizado muito o impressionou. O único problema com o pobre Padre Alexandre era que, quando pregava, às vezes se deixava levar pelo orgulho de sua sabedoria. Em certa ocasião, Afonso ao ouvir um de seus sermões se desagradou e mandou o irmão sacristão dizer-lhe que descesse do púlpito imediatamente! Ser sempre sábio e jamais perder a humildade.

MONTE GARGANO

Muitos dos que ingressaram nos Redentoristas o fizeram apesar da forte rejeição de suas famílias. A maioria das pessoas não compreendia por que jovens tão promissores, com um futuro pela frente, renunciavam tudo para experimentar uma vida pobre, sofrida dentro de uma comunidade. Eles eram formados para pregar missões aos camponeses pobres e abandonados do reino de Nápoles. Padre Afonso achava que o melhor para seus seminaristas era o afastamento total do ambiente familiar. Quanto mais distante da família, melhor. Ele detestava o período de férias, pois para ele o jovem seminarista em casa poderia ser facilmente pressionado por seus pais ou parentes a deixar o convento. Depois que fazia os votos na Congregação Redentorista, a única ocasião em que poderia voltar para a casa era para fazer uma visita aos pais quando eles estivessem gravemente doentes.

Ele percebeu também que os jovens saudáveis precisavam de uma pausa no árduo trabalho intelectual se quisessem perseverar em sua vocação redentorista. Durante o intenso calor do verão italiano, por exemplo, criava-se uma programação um pouco mais descontraída. No verão, os seminaristas redentoristas podiam fazer longas caminhadas, partindo de manhã cedo, logo após a Missa da comunidade. Eles faziam piqueniques e voltavam para casa ao entardecer a tempo de fazer as orações noturnas e o jantar. Mesmo assim, essa programação era enfadonha e bastante exigente para aqueles jovens rapazes e adolescentes.

Ideia brilhante

Um dia, no verão de 1753, alguns seminaristas tiveram uma ideia: por que não organizamos uma peregrinação até o Monte Gargano? Eles se declararam dispostos a fazer a peregrinação até lá a pé. Esse monte ficava distante de Deliceto, aproximadamente, uns 60 quilômetros e, mesmo assim, estavam dispostos a fazer a peregrinação, como a maioria do povo simples a fazia, a pé. De Deliceto até o Monte Gargano, eles gastariam cerca de uma semana, permitindo algum tempo para orar e desfrutar do Santuário quando eles finalmente chegassem lá. Eles temiam que o superior da comunidade nunca daria a eles a permissão para fazer isso. Mas, para a alegria de todos eles, o padre superior deu-lhes imediatamente a licença, no entanto impôs a seguinte condição: "Vocês podem ir. Entretanto, não irão sozinhos. Vocês vão na companhia do Padre Alexandre di Meo e do Irmão Geraldo". Com eles também foi um eremita, chamado Irmão Ângelo, cujo trabalho era cuidar dos burros.

Padre Alexandre era um excelente professor, no entanto muito desorganizado. Assim, ele foi nomeado interinamente o superior da peregrinação, para celebrar as Missas todas as manhãs, e Geraldo para organizar o dia a dia.

Tendo uma devoção especial a São Miguel Arcanjo, Geraldo ficou todo encantado com essa romaria. Pouco antes de os peregrinos saírem do convento redentorista, o superior da comunidade deu a ele um pouco de dinheiro, uma soma de uns meros 30 carlins em moeda local, para custear as despesas de 14 a 15 pessoas durante uma semana. Esse pouco, aparentemente, daria para cobrir as despesas básicas de dois peregrinos, e não para alimentar 14 jovens em pleno crescimento e vigor da juventude, sem contar o custo de contratar dois burros para transportar a bagagem dos viajantes. Cada um dos peregrinos estava vestido com seu hábito. Assim sendo, eles precisariam levar uma muda de roupa de baixo, um cobertor para se protegerem do frio e um pouco de comida para a refeição do meio-dia.

ESTÁTUA DE SÃO MIGUEL ARCANJO DO MONTE GARGANO

Um homem, mais realista ou mais sensato do que Geraldo, teria hesitado com a perspectiva de partir em uma viagem tão longa, com tão pouco dinheiro. Padre Alexandre, com a cabeça enfiada em um livro, nada sabia sobre a logística desse intento. Mesmo assim, Geraldo estava infinitamente feliz e otimista! Sorrindo, dizia habitualmente: "Deus proverá"! Também os jovens seminaristas, apesar das dificuldades, estavam tomados por um espírito de aventura e muito empolgados. Eles só pensavam nas férias que teriam de uma semana.

Essa peregrinação iria durar cerca de três dias de caminhada árdua para cobrir 60 quilômetros. Chegando lá, eles iriam escalar a montanha e depois passar algum tempo orando em seu cume. A viagem de volta levaria o mesmo tempo. No primeiro dia de caminhada, o objetivo era chegar até Foggia, que Geraldo bem conhecia, porque era para onde ia frequentemente resolver assuntos da comunidade e onde tinha muitos amigos. Ele era especialmente conhecido em alguns conventos. Por isso, quando espalhou a notícia de que estava na cidade, recebeu muitos convites para visitar as famílias e os conventos locais. Um desses conventos era o das Irmãs Redentoristas, que gostavam muito dos Redentoristas, principalmente do Irmão Geraldo. Elas, com certeza, não deixariam seus irmãos de congregação passarem fome.

Quando os peregrinos redentoristas se reuniram após a Missa, na manhã seguinte, alguns dos seminaristas estavam dando sinais de cansaço e menos entusiasmados do que na noite anterior, porque sentiram o peso da caminhada difícil. No segundo dia, a meta era chegar até a cidade de Manfredonia, a mais de 30 quilômetros de Foggia. O Irmão Ângelo e também os burros estavam cansados. Mergulhando em suas escassas finanças, Geraldo alugou uma carroça, puxada por duas mulas, a fim de carregar as bagagens e dar aos peregrinos a chance de descansar. Como essas coisas custavam dinheiro e o orçamento estava ficando cada vez mais

CASTELO DE MANFREDÔNIA

limitado, o seminarista mais antigo perguntou se a ideia desse aluguel era boa naquele momento. Geraldo olhou-o, sorriu e disse: "Deus proverá". Finalmente, depois de uma longa e quente caminhada, chegaram à cidade de Manfredonia, ao anoitecer.

Primeiramente, visitaram o Santíssimo Sacramento do Altar, na Capela do Castelo. Geraldo recorreu a seus escassos fundos e comprou um ramo de flores, que colocou diante do tabernáculo, dizendo em alta voz: "Vê, Senhor, tenho pensado em ti. É hora de você pensar em mim e em minha família". Dois padres, que estavam na sacristia da Capela, ao ouvirem a comoção de Geraldo, saíram e viram um bando de estranhos rapazes, todos vestidos com hábitos religiosos, ajoelhados em oração. Então perguntaram quem eles eram e ficaram encantados, ao conhecerem os seminaristas redentoristas. Como um dos padres era o capelão do Castelo, eles foram convidados a pernoitar no local. E isso foi providencial, pois, como o dinheiro era bem pouco, eles, com esse convite, economizaram o custo do jantar e o pernoite na pousada. O outro padre, para não perder a oportunidade de também ser generoso, prometeu mandar um turíbulo para a Capela dos Redentoristas em Deliceto. Jesus ouviu mesmo a prece do Irmão Geraldo!

Revigorados por terem uma boa noite de sono, os viajantes estavam prontos para enfrentar a parte final da jornada: a subida até o Santuário de São Miguel Arcanjo. Subir 1500 metros, em um dia frio, à noite, era até uma caminhada estimulante. Mas fazê-lo, em um dia quente de setembro italiano, era um desafio, até mesmo, para aqueles mais aptos. Alguns seminaristas tiveram de subir montados no lombo de um dos burros. Geraldo, apesar de ter pouca saúde, conseguiu fazer toda a escalada a pé. Quando chegaram ao topo da montanha, visitaram o Santuário e dedicaram algum tempo à oração. Com o sol se pondo, havia agora a questão de onde passar a noite e como deveriam ser alimentados.

Preocupações financeiras

Um dos seminaristas, que estava bastante preocupado, por causa do pouco dinheiro, calculou que, levando em consideração tudo o que tinha sido gasto até aquele presente momento, sem mencionar os gastos desnecessários de Geraldo com flores, provavelmente haveria pouco mais de um ou dois carlins sobrando.

Geraldo levou os seminaristas para uma pousada, a fim de passarem a noite. Uma pousada italiana, no século XVIII, estava longe de ser um hotel de uma estrela. Quando muito, tinha um ou dois quartos com um pouco mais de conforto para acolher uma ou outra pessoa de posse. De forma geral, a maioria dos viajantes simplesmente encontrava um canto em um dos grandes dormitórios comuns e tentavam ter uma boa noite de sono, apesar dos roncos dos demais colegas de quarto. As refeições também eram muito modestas. Comia-se e bebia-se aquilo que o estalajadeiro servia ou aquilo que os viajantes levavam. Os seminaristas

BASÍLICA DE SÃO MIGUEL, MONTE GARGANO

começaram a ficar preocupados e nervosos, calculando que a quantidade de dinheiro que tinham não daria para comprar a comida, que, apesar de ser muito simples, era cara.

No entanto, para a surpresa de todos eles, uma excelente refeição se materializou quase que do nada. O Padre, que deu para eles abrigo na noite anterior, também lhes deu dinheiro suficiente para cobrir a alimentação e o alojamento daquela noite. Outro peregrino do Santuário de São Miguel Arcanjo, que também ficou impressionado com a devoção daqueles jovens, colocou algum dinheiro nas mãos de Geraldo antes de se misturar novamente no meio da multidão.

Depois de um dia no topo da montanha sagrada, explorando a misteriosa caverna e a igreja de São Miguel Arcanjo, era hora de retomar a jornada para casa. As viagens de retorno raramente são tão agitadas quanto a viagem de ida. Os 60 quilômetros para casa levariam pelo menos uns três dias de caminhada árdua. Seria consideravelmente mais longa por causa do hábito de Geraldo de se lembrar sempre de uma outra linda igreja que precisaria ser visitada por eles. E, entre uma igreja e outra, gastavam-se algumas horas a mais para chegarem até ela.

Houve pequenos momentos de drama também, incluindo disputas com estalajadeiros sobrecarregados e com pessoas egoístas que se recusavam a partilhar a água de seus poços com os peregrinos sedentos. Um acidente desse tipo envolveu Geraldo em demonstração incomum de temperamento. Os viajantes chegaram a um poço na esperança de encontrarem água fria para saciar a forte sede que sentiam, por sua garganta estar bastante ressecada. Em vez disso, descobriram que o proprietário havia removido as cordas, que permitiam que a caçamba fosse abaixada. Geraldo pediu educadamente que lhe desse um pouco de água. Mas seu pedido foi recusado. Embora fosse um homem de muita paz, ele não aceitava tamanha leviandade. Indignado com o comportamento do proprietário do poço, disse: "Você recusa a água a seu próximo, a quem deve amar como a si mesmo. Muito bem, o poço recusará sua água a você". Dizendo isso, voltou a caminhar com seus companheiros sedentos. Após andarem aproximadamente 1 quilômetro, o dono do poço surgiu atrás deles gritando que o poço havia secado e era o único no distrito. Então, diante do acontecido, deveria Geraldo fazer algo?

Ensino não oficial

Essa peregrinação foi um ensino não oficial aos jovens pupilos. Retirados do silêncio e do trabalho duro do convento e da rotina do seminário, os jovens seminaristas encontraram uma nova liberdade. Seu contato com Geraldo, um redentorista simples, muito gentil, de espírito livre e não muito mais velho do que eles, fez um bem enorme.

Não sabemos, em detalhes, como o grupo passou esses dias. Eles provavelmente se levantavam muito cedo todas as manhãs, dedicando meia hora à meditação antes da missa. O café da manhã era uma refeição modesta, provavelmente consistindo em nada mais do que um copo de água e um pedaço de pão. Enquanto o dia ainda estava

UMA PINTURA MUITO ANTIGA DE GERALDO, CONCEBIDA DEPOIS DE SUA MORTE. ENFATIZA O ASPECTO PENITENCIAL DE SUA VIDA – A DISCIPLINA EM SUA CADEIRA E O CRÂNIO EM SUA MESA.

fresco, começava-se a caminhada. Ao meio-dia, por ser quente demais para caminhar, era preciso deixar para mais tarde e, se fosse preciso, caminhar um pouco menos. Eles provavelmente rezavam o terço enquanto caminhavam ou encurtavam a estrada cantando ou conversando. Se passassem perto de uma igreja, faziam uma breve visita ao Santíssimo Sacramento. Durante esse momento, os peregrinos aproveitavam para se sentarem, nem que fosse por um curto momento, a fim de descansarem e aliviarem o peso dos pés. Os horários das refeições teriam sido muito mais informais do que costumavam ser no convento redentorista. Esses dias, apesar de todos os contratempos e momentos dolorosos e de extrema privação de conforto, foram de liberdade, convívio, oração.

Geraldo não era uma pessoa irresponsável. Seu alegre e confiante "Deus proverá" não significava que ele fosse imprudente com o dinheiro que recebeu para pagar as despesas da peregrinação. Longe disso. Ele tinha uma confiança em um Deus generoso e providencial. Alguns seminaristas, talvez, poderiam se perguntar: diante de toda aquela dificuldade, qual a real necessidade de comprar flores para enfeitar o Santíssimo Sacramento? O correto não seria comprar comida para saciar a fome imediata? Sim! Para uma pessoa normal o certo seria comprar comida, e não flores. Mas para Geraldo as flores colocadas no altar eram uma maneira simbólica de externar seu amor incondicional a Jesus, presente dia e noite, por amor a cada um de nós, no Sacramento do Altar. Naturalmente, alguns desses jovens não tiveram resistência física suficiente para fazer todo o percurso a pé. Diante de tal situação, Geraldo, apesar do escasso dinheiro, alugou algum tipo de transporte para carregar os mais fracos. Ele fez tudo para que seus jovens não perdessem o propósito da peregrinação. Para ele a providência de Deus operou por meio da bondade das pessoas comuns, como o padre que lhes deu abrigo durante a noite ou o peregrino desconhecido na igreja de Monte Gargano que colocou em sua mão o dinheiro para a refeição, ou as irmãs e os amigos leigos que, ao longo do caminho, forneciam comida para a viagem. Às vezes, a providência também trabalhou por meio dos eventos inesperados para o qual não temos outra palavra senão milagre.

Em uma comunidade religiosa, eventos extraordinários, como uma peregrinação, por exemplo, entram para a história. Os seminaristas redentoristas, que tiveram a sorte de passar uma semana com Geraldo em peregrinação, provavelmente contaram e recontaram o acontecido, principalmente os fatos pitorescos. E foi assim que muitos acontecimentos em torno do Irmão Geraldo passaram a ser vistos como prováveis milagres, sobretudo quando a fama de que se tratava de um homem santo ia crescendo.

Não sabemos, por exemplo, se a mãe do padre de Manfredonia foi curada de sua doença para lhes servir uma refeição. Sabemos que Geraldo fez muitas orações para que ela voltasse a ter saúde. Nós também não temos conhecimento se a água do poço que secou tão rapidamente voltou a brotar e ser novamente abundante. O que pode ser mais pertinente nesse fato é a recordação das palavras do Evangelho de Jesus, que nos diz que quem der um copo de água a quem pede, em nome de Jesus, não deixará de ganhar sua recompensa (Mt 10,42).

Conhecendo Geraldo

De volta ao convento redentorista, o relacionamento entre os padres, os irmãos e os seminaristas era pautado, tão somente, pelos dizeres da regra. A hierarquia era levada a sério. Havia quase um sistema de classes muito semelhante ao sistema do resto da sociedade italiana. No topo da comunidade redentorista, estavam os padres; em algum lugar no meio da pirâmide, encontravam-se os seminaristas; e, na parte inferior da pirâmide, encontravam-se os irmãos. Isso mesmo. Os irmãos ficavam bem abaixo dos seminaristas. O pesado trabalho manual da casa e o cuidado dos jardins eram responsabilidade deles. Os padres e os seminaristas faziam pouco trabalho físico. Eles podiam até fazer algumas capinas no jardim, manter seus próprios quartos arrumados e ajudar a servir e lavar louça na sala de jantar e na cozinha, mas seu papel principal era estudar teologia e, depois da ordenação, dedicar-se ao trabalho do ministério sacerdotal.

Durante a semana que os seminaristas estavam em peregrinação, eles tiveram a oportunidade de conviver mais de perto com Geraldo, que tinha a reputação de homem de muita oração, puderam ver como ele, facilmente, entrava no mistério de Deus. Em questão de minutos, ele saía do mundo físico e mergulhava, por horas, nesse mistério. O que provavelmente mais os impressionou, no entanto, foi como essa profunda vida de oração floresceu ao lado de uma extraordinária bondade e senso de humor.

Estar mergulhado nas coisas de Deus não significava que não era capaz de notar o sofrimento do jovem seminarista pingando de suor, com dificuldades em acompanhar seus companheiros e provavelmente sendo ridicularizado por seus esforços. Estar em profunda oração não significava não perceber que pudessem gostar de uma boa fruta ou mesmo de um copo de vinho. Estar mergulhado em Deus não significava que não havia lugar para risos ou diversão.

5
Um homem acusado

Geraldo sempre teve muitos amigos. Em suas viagens de negócio, gostava muito de se hospedar na casa dos Cappucci de Lacedônia, que era grande e gozava de um certo conforto. Os Cappucci, cuja família era numerosa, composta de oito filhos, quatro meninos e quatro meninas, eram pessoas religiosas e muito piedosas. Todos os seus membros eram amigos dos Redentoristas. O pai, senhor Constâncio, tinha um irmão, Padre Antônio, que era decano da Catedral, e tinha como seu diretor espiritual o Padre Cáfaro, o Redentorista que tinha sido primeiro superior de Geraldo no convento redentorista de Deliceto.

A casa dos Cappucci era um grande centro social que atraía muitas pessoas da cidade, e, quando Geraldo lá estava hospedado, a família convidava seus amigos para conhecê-lo. Nesses amigos, estavam incluídos o juiz local, Candido Caggiano, e sua grande e religiosa família. Suas duas filhas mais velhas eram "freiras domésticas", usavam hábito religioso enquanto continuavam a viver na casa da família. Seu filho mais velho estava nos estágios finais de seus estudos para o sacerdócio. A filha mais nova, Nerea, era considerada um modelo de piedade e supunha-se que ela também iria para o convento, caso não seguisse o exemplo de suas irmãs mais velhas tornando-se uma "freira doméstica".

Era inevitável que, com tantas jovens pensando em entrar no convento, Geraldo Majela falasse para elas frequentemente sobre as freiras que ele conhecia e de quem muito gostava. Suas freiras favoritas eram as Redentoristas de Foggia e as Carmelitas de Ripacandida. Como já vimos no capítulo anterior, ele atuava como um exímio promotor vocacional dos conventos femininos e também, com maestria, como diretor espiritual das freiras de forma não oficial. Com seu jeito de ser e agir, muito amável com as pessoas, encantava as jovens moças das famílias Cappucci e Caggiano.

Com o passar do tempo, duas das Irmãs Cappucci ingressaram no convento das Irmãs Redentoristas em Foggia. Nerea Caggiano, por sua vez, queria segui-las. No entanto sua família não tinha dinheiro suficiente para pagar o dote de três freiras. Apesar de sua posição social bem destacada, o senhor Candido Caggiano não era um homem rico. Além de um filho que se aproximava da ordenação sacerdotal e duas filhas que nunca sairiam de casa e precisariam ser sustentadas, ele tinha uma irmã e uma tia jovem, ambas em idade de se casarem, para as quais se esperava arranjar bons maridos. Madre Maria Celeste em Foggia não exigia um dote muito alto das meninas que entravam em seu convento. Ela estava disposta a aceitar uma quantia menor de uma noviça promissora e deixar o resto para a providência divina. No caso de Nerea, Geraldo levantou o dinheiro com a ajuda de seus amigos.

Uma acusação de abuso sexual

Nerea Caggiano entrou para o convento cheia de entusiasmo, mas, uma vez dentro do claustro, percebeu que lá não era lugar para ela, que não ficou nem três semanas e logo voltou para a casa de seus pais. Sua vida no convento foi um grande fracasso. Ela não fazia parte do grupo daquelas jovens moças que eram capazes de dizer: "Enganei-me, cometi um erro". Incapaz de assumir seu próprio equívoco, tratou logo de colocar a culpa em alguém.

Não poupou críticas às Irmãs e, principalmente, à Madre Superiora, Maria Celeste Crostarosa. Claro que as pessoas não acreditaram em suas palavras. Se fosse tudo tão ruim assim, Geraldo não teria falado tão bem delas.

No início da primavera de 1754, a campanha de sussurros falaciosos de Nerea Caggiano se voltou contra Geraldo. Ela, sem medir as consequências de seus atos, procurou o segredo do confessionário para destilar seu mortal veneno. Para o padre confessor ela contou a seguinte história: "O Irmão Geraldo era muito livre em suas relações com as meninas e especialmente com Nicoletta Cappucci".

Ela ainda estava em casa, que Geraldo continuava a visitar, quando duas de suas irmãs entraram no convento de Foggia. E ainda insinuou que o relacionamento deles não era tão piedoso quanto parecia, disse saber que Geraldo havia abusado sexualmente de Nicoletta e listou os detalhes ao confessor, que ficou horrorizado.

Isso foi demasiado grave para o confessor. Se a história contada em detalhes fosse mesmo verdadeira, ela deveria imediatamente contar tudo para o padre superior de Geraldo. Duas cartas foram enviadas ao padre Afonso, que residia em Pagani: uma de Nerea e outra do padre confessor, que, por sua vez, atestava a boa reputação da moça e exigia que fosse tomada imediatamente alguma providência.

O Superior dos Redentoristas não conhecia pessoalmente o Irmão Geraldo. No entanto tinha ouvido falar que se tratava de um Irmão Redentorista modelo. O conteúdo das duas cartas deixou-o horrorizado. Mas era advogado e estava acostumado com as maneiras nas quais o ser humano pode se transformar. Os anos em confissões também lhe ensinaram que existem cantos e recantos secretos no coração humano onde o mal pode se esconder sob o mais piedoso exterior. Imediatamente, enviou o padre Antonio Villani, seu assessor principal, para fazer consultas em primeira mão sobre os fatos elencados nas cartas.

Ele entrevistou primeiro a jovem Nerea Cappucci e, em seguida, conversou com o padre que a atendeu em confissão e continuou sustentando sua tese de que Nerea era uma moça modelo, gozava de boa reputação, tinha uma consciência pura e delicada. Ela era, portanto, incapaz de mentir sobre alguém. Padre Antonio Villani fez algumas perguntas sobre o comportamento de Geraldo quando esteve na cidade, pois este era muito conhecido pelas pessoas da cidade de Lacedônia. Sua fama era de santidade. Ele até recebeu o crédito de milagres. Em cidades pequenas, todo mundo se conhece. Pode ser que tenha havido alguma conversa sobre a amizade de Geraldo especialmente com as moças da família Cappucci e das pessoas próximas.

Então o assessor foi até o convento redentorista de Deliceto. A comunidade não foi unânime em apoiá-lo. A maioria concordava que ele era um exímio observador e executor da Regra de vida Redentorista e possuía uma gigantesca piedade. Mas, para alguns membros da comunidade, Geraldo era um homem estranho, de piedade exagerada. Diziam, ainda, que ele ficava mais fora do que dentro do convento redentorista, levantando fundos para os dotes, e ninguém ao certo sabia o que ele fazia quando estava longe de casa. Assim, o relatório do padre Antonio Villani estava longe de provocar a expulsão de Geraldo da Congregação Redentorista que o padre Afonso esperava ouvir.

O grande silêncio

Padre Afonso não perdeu tempo em pedir ao Padre Caione, o superior da comunidade redentorista de Deliceto, que enviasse imediatamente o Irmão Geraldo para a comunidade redentorista de Pagani. Diante dos fatos, Geraldo não demorou muito para perceber que alguma coisa ruim estava acontecendo. Pelo andar da carruagem, ele logo concluiu que estava com sérios problemas. Em uma carta, enviada a um de seus amigos sacerdotes, Caetano Santorelli, escreveu: “Estou partindo agora para Pagani, para onde fui chamado por meu superior (...). Por favor, ore por mim, como eu estou precisando desesperadamente de oração”. Ele nunca mais voltou para a comunidade redentorista de Deliceto, onde havia passado os primeiros cinco anos de sua vida religiosa.

Essa foi a primeira vez que o Padre Afonso de Ligório e o Irmão Geraldo Majela se encontraram pessoalmente. Geraldo permaneceu de pé e com a cabeça baixa diante do Padre Afonso, que leu todas as acusações que caíam sobre ele, que permaneceu em extremo silêncio. Padre Afonso enfatizou a gravidade das acusações. Ainda assim, ele permaneceu em profundo silêncio. No fim do colóquio do superior, algumas restrições foram impostas aos movimentos de Geraldo, como ser proibido de sair do convento, de escrever cartas, de se aproximar, até segunda ordem, da Sagrada Comunhão.

Geraldo não sentiu muito o fato de ser proibido de sair do convento, porque, estando mais tempo em casa, poderia intensificar ainda mais suas orações pessoais e comunitárias. No entanto a proibição de receber a Sagrada Comunhão, o pão vivo, que desceu do céu, deixou-o muito abatido. Ele não conseguia se imaginar sem a Sagrada Comunhão. Como podia ele viver sem se alimentar de Jesus Eucarístico? No que diz respeito à comunidade redentorista, o irmão redentorista, que todos elogiavam algumas semanas atrás, estava sendo gravemente acusado. Os confrades não receberam nenhuma explicação clara do motivo de Geraldo estar em Pagani. Ali ele não recebeu nenhuma tarefa especial e ficava em seu lugar quando os outros irmãos subiam para a comunhão na missa da manhã. As fofocas provavelmente começaram a vazar.

Alguns de seus apoiadores pediram que ele tomasse alguma providência e esclarecesse um pouco mais as coisas. Tal pedido foi em vão. Ele não reagiu nem se defendeu das acusações que estava sofrendo. Muitos anos depois, algumas das testemunhas de seu processo de canonização disseram que, em resposta à insistência de que ele quebrasse seu silêncio, falou: "Se Deus deseja que eu seja mortificado, por que deveria eu tentar me defender e me afastar de sua sagrada vontade? Se é a vontade dele que minha inocência seja trazida à tona, quem pode fazer isso melhor do que Ele?"

Os dias sem a Sagrada Comunhão pesavam muito sobre seus ombros. "Tirem-me tudo. Menos Jesus Eucarístico." Certa vez, um padre, sem pensar muito, pediu para ele servir na Missa. Geraldo respondeu assim a essa solicitação: "Não me tente, pois eu arrancaria a hóstia de sua mão." Em outra ocasião, a Sagrada Comunhão estava sendo levada para um doente que se encontrava na enfermaria. Quando o padre chegou ao leito do doente, descobriu, para sua consternação, que a Sagrada Hóstia havia caído da patena. Uma busca foi iniciada. De repente, os que a estavam procurando encontraram Geraldo de joelhos em adoração bem juntinho da Hóstia Sagrada.

Quando Geraldo estava residindo na comunidade redentorista de Pagani, adoeceu. No início, ele teve uma febre ardente, acompanhada de perda de peso e muita fadiga. Algum tempo depois, foi diagnosticado com tuberculose, cujos sinais reveladores são febre alta, perda de peso e fadiga.

A quebra do alvorecer

Depois de algumas semanas em Pagani e mais alguns dias em outra comunidade redentorista, em Ciorani, Geraldo foi informado de que ele iria residir na comunidade de Materdomini. Esta era um antigo santuário edificado para homenagear Nossa Senhora, sob o título de "Mãe do Senhor". Esse antigo santuário, que se encontrava no alto de uma colina, com vista para a cidade Caposele, mais tarde, no ano de 1746, foi entregue aos cuidados dos Redentoristas. Estes já estavam construindo um novo convento ao lado do antigo santuário. A comunidade redentorista de Materdomini foi a casa de Geraldo até o fim de sua vida. Desde que lá chegou,

MATERDOMINI

cumprindo a ordem do Padre Afonso, ele se ausentou da comunidade brevemente, por duas vezes, para poder ir até a cidade de Nápoles.

Geraldo foi acompanhado até a comunidade redentorista de *Materdomini* pelo Padre Francisco Giovenale que, por sua vez, estava sob as instruções do Padre Afonso: "Mortifique-o, mortifique-o a cada passo. O Irmão Geraldo não pode ter contato com pessoas estranhas, e só pode receber a Sagrada Comunhão aos domingos". Uma densa nuvem estava sobre sua cabeça. Ele estava arrasado. No entanto a permissão dada a ele para receber a Sagrada Comunhão aos domingos já o deixou um pouco mais animado. Uma luz estava começando a irromper.

É ao Padre Francisco Giovenale que nós devemos agradecer. Foi graças a ele que nós conseguimos obter informações com um pouco mais de detalhes sobre a visão interior do mundo de Geraldo e sua "regra de vida". Ele foi um Redentorista atípico. O padre Francisco não demorou muito para perceber que, se ele quisesse de fato ajudá-lo, precisaria primeiro encontrar um meio ou uma forma de compreender sua vida interior. Então o chamou e pediu que colocasse em um papel a maneira que vivia sua vida cotidiana como irmão religioso na Congregação Redentorista. Uma das "regras de vida" que ele seguia cegamente era: "Jamais me desculparei, mesmo que eu tenha toda a razão. Basta que, no que me é dito, não haja ofensa a Deus e nenhum mal contra meu vizinho". As acusações e a repreensão duras que ele recebeu do Padre Afonso o desafiaram. Mas, em obediência a sua "regra de vida" pessoal, não se defendeu. Optou-se heroicamente pelo silêncio e arcou com as consequências provenientes da decisão que tomou: o silêncio absoluto.

A segunda regra de vida era: "Fazer sempre tudo o mais perfeito possível". No colóquio do Padre Afonso sobre a acusação de assédio sexual, Geraldo se viu diante da seguinte escolha: defender-se ou imitar o silêncio de Jesus diante de seus acusadores. Qual foi a escolha mais perfeita? De forma geral um indivíduo normal, diante de uma determinada acusação, imediatamente se defende. Todos nós queremos conservar nosso bom nome. No caso de Geraldo, por exemplo, a acusação de ter assediado uma jovem sexualmente era falta gravíssima que poderia ter resultado em sua expulsão da Congregação Redentorista. No entanto, mesmo diante desse risco, ele achou que a decisão mais perfeita seria imitar Jesus: o servo sofredor, que, diante de seus acusadores, permanecia em silêncio.

O tempo foi passando, e Nerea Caggiano caiu em si. Ela cometeu um erro terrível, ao acusá-lo falsamente, e não podia conviver com essa culpa. No confessionário, ela admitiu o que havia feito. O confessor só poderia dar sua absolvição se ela concordasse em escrever uma carta a Afonso, inocentando Geraldo. Mais duas cartas foram enviadas rapidamente da Lacedônia para Pagani.

Mais uma vez, Geraldo foi chamado em Pagani. Mas, dessa vez, a conversa dele com o Padre Afonso foi bem diferente. Esse reencontro foi marcado pela alegria de ambos. O Superior leu para Geraldo a carta de Nerea Caggiano. Em seguida, ele perguntou por que havia permanecido em silêncio. Ao que respondeu citando uma seção da regra redentorista, que o próprio Padre Afonso tinha escrito: "Quando acusados erradamente, eles não vão se defender". O padre provavelmente explicou que a regra se destinava a cobrir pequenas questões de disciplina religiosa no interior da comunidade redentorista, não a acusações gravíssimas como a que fez sobre ele a jovem moça. Essa cena foi retratada em uma das fotos mais conhecidas de Geraldo, em que ele se encontra de pé, diante de Afonso, e com seu dedo indicador apontado para uma cópia da regra aberta sobre a mesa.

Férias em Nápoles?

Um dos membros da nova comunidade de Geraldo em *Materdomini,* Padre Francisco Margotta, cuidava dos negócios da Congregação Redentorista em Nápoles, onde não havia um convento redentorista formal, pois Afonso de Ligório desejava que as comunidades ficassem fora dos grandes centros urbanos, a fim de serem mais acessíveis para os trabalhos das missões paroquiais e de permitir que os camponeses pudessem ir à

O SEGUNDO ENCONTRO ENTRE AFONSO E GERALDO

UMA PANORÂMICA DE NÁPOLES NO SÉCULO XVIII, COM O VULCÃO VESÚVIO

igreja que se encontrava no local para poderem se confessar. O Padre Margotta, que vivia em um andar na residência dos Ligórios, a pedido de Afonso para seu irmão, Hércules, que o acolhesse enquanto ele ou outro padre estivesse em Nápoles a serviço da Congregação Redentorista, era muito propenso à depressão. Portanto viver sozinho não era bom. Como tinha muita estima por Geraldo, pediu licença ao superior para que ele o acompanhasse quando fosse a Nápoles para resolver os negócios da Congregação Redentorista. Assim ele não ficaria sozinho, e Geraldo poderia também preparar alguma comida enquanto eles permanecessem fora do convento redentorista.

Geraldo nunca viveu em uma cidade tão grande quanto Nápoles. Além da cidade provinciana de Foggia, a maior parte de sua vida foi no campo ou nas pequenas cidades montanhosas de sua região natal. Nápoles é a região mais densamente povoada da Itália e era assim também no tempo de Geraldo. Foi a capital de um reino independente com belos edifícios. Era também uma cidade de nítidos contrastes sociais que gerava um profundo abismo entre ricos e pobres.

Geraldo passou os meses de verão de 1754 nessa cidade, onde não tinha muito o que fazer. Ele cuidava do Padre Francisco Margotta, limpava o pequeno apartamento onde estavam hospedados e cozinhava. Não se sentia motivado para sair em busca de pontos turísticos. Apenas duas coisas ocupavam seu tempo. A primeira era sua dedicação à devoção das Quarenta Horas. Nápoles tinha cerca de 400 igrejas e sempre havia no interior delas a exposição do Santíssimo Sacramento para que o povo pudesse visitá-lo e adorá-lo durante quarenta horas, incluindo as horas da noite. O Padre Afonso também se dedicou muito a essa devoção, primeiro, como jovem advogado e, posteriormente, como sacerdote. Cada dia Geraldo visitava uma igreja diferente, ficava deslumbrado com a decoração feita para a visita e adoração do Santíssimo Sacramento e se sentia em casa.

ECCE HOMO - O CRISTO SOFREDOR DE GERALDO

A segunda era o Hospital para os Doentes Incuráveis – também bastante frequentado por Padre Afonso – onde passou muitas horas de seu tempo ao lado dos doentes. Esse hospital foi construído para cuidar especificamente dos doentes terminais. Quem tinha dinheiro pagava para receber os cuidados em casa. Não os pobres, que quando adoeciam gravemente, por não terem ninguém, ficavam nele internados. Os pacientes internados eram os que pertenciam às mais baixas camadas sociais napolitana. Muitos sofriam de doenças sexualmente transmissíveis ou de alguma doença mental, que os colocavam à margem da sociedade. Padre Afonso, como membro de uma das muitas confrarias da cidade, passava muitas horas junto dos doentes abandonados no hospital. Um dia, quando terminou suas funções nesse lugar, acreditou ter ouvido uma voz o chamando e pedindo que deixasse o mundo e se entregasse totalmente a Deus. Provavelmente, Geraldo tenha ouvido falar dos feitos de seu superior junto aos doentes incuráveis e tornou-se tão devotado aos doentes quanto o Padre Afonso, visitando-os todos os dias para lhes levar pequenas guloseimas, frutas e doces.

Durante sua estadia em Nápoles, descobriu que havia um bairro na cidade onde artesãos faziam e vendiam imagens religiosas populares. As mais baratas eram feitas com um material conhecido como *cartapesta* ou *papel machê*, isto é, papel embebecido em água e endurecido com cola. Em seguida eram moldadas e depois pintadas com cores brilhantes. Geraldo ficou fascinado com o modo como essas imagens religiosas eram feitas, e um dos artesãos se prontificou a ensiná-lo. Ele fez algumas imagens durante seu tempo e as deu como presente para alguns de seus amigos. Alguns de seus trabalhos sobreviveram ao tempo, inclusive um crucifixo e um busto do Cristo Sofredor, coroado de espinhos: *O Ecce Homo*.

Riv.ma Sorella io vi scrivo da Foggia, e
vi scrivo di fretta per il mio proprio vo…
sapere che si fa costì, io no me do…
perche in tutte le mie non havete n…
na risposta, Credo che non avvete
Carta per Scrivermi; per la Carità…
per questo mandatemelo a dire che
manderò uno contorno a costa alla
majestate scrivere a quella orbeta i…
Dio vi lo renderà tutto quanto; io per
grazia di Dio ho fatto nuova tornatina
per lo D.o Assore. ma voi ~~molto~~ di
tenete sudspetto sia per l'amore di Dio
fate scrivere alla madre M. di Ges…
alla S.ra D. Menzia, e che la scrita…
buona tornatina per lo D.o Assore, …
che dia così la britezza di suo marito, …

6
Geraldo Majela em suas próprias palavras

Com a morte do senhor Domingos Majela, a educação de Geraldo foi interrompida, e ele ficou apenas com alguns anos de escolaridade primária. Não foi um grande intelectual, entretanto era uma pessoa reflexiva e naturalmente inteligente. Não deixou uma autobiografia ou, até mesmo, um diário espiritual. O mais próximo que podemos chegar de um vislumbre de sua vida interior em suas próprias palavras é por meio de um pequeno documento, escrito a pedido de um de seus guias espirituais, padre Francisco Giovenale, também por cerca de 40 cartas que escreveu para alguns amigos e algumas irmãs religiosas e que sobreviveram ao tempo. Neste capítulo, especialmente, examinaremos o documento escrito para o Padre Francisco Giovenale e também algumas de suas cartas.

A Regra de Vida de Geraldo Majela

Durante o período difícil em que foi acusado de cometer um grave delito, ele foi imediatamente transferido da comunidade redentorista de Deliceto para outras duas comunidades. Passou o mês de abril de 1754 em *Pagani*, residência oficial do Padre Afonso, o Fundador e o Superior-Geral dos Redentoristas. Depois foi transferido para a comunidade redentorista de *Materdomini* e, desde então, passou a ficar sob a responsabilidade do Padre Francisco Giovenale. Ali passou os meses restantes de sua vida.

(PÁGINA AO LADO) **UMA CARTA DE GERALDO, ESCRITA DE PRÓPRIO PUNHO**

Enquanto Geraldo estava em *Materdomini*, o Padre Francisco, que tinha sido o mestre de noviços e o estimava muito, dizendo que ele era um bom irmão redentorista, pediu-lhe que escrevesse um relato detalhado de sua vida espiritual. É provável que ele tenha pedido isso para ver até onde ia sua reputação de homem piedoso e santo.

O documento original que foi escrito pelas mãos Geraldo, infelizmente, não sobreviveu ao tempo. A versão que temos atualmente, que possui cerca de oito páginas de texto impresso, foi transmitida por dois de seus primeiros biógrafos e foi usada como evidência em sua causa de canonização. Não é muito longa, mas ali o Irmão não esconde nada nem exagera no que diz respeito a sua bondade e piedade. Infelizmente, aqui não será possível, por falta de espaço, apresentar todo o documento na forma original, mas espero que seja suficiente para permitir que a voz de Geraldo seja ouvida:

> Querido Padre Francisco Giovenale,
> Vossa Reverendíssima deseja saber a respeito de todas as minhas mortificações que faço e quer tê-las por escrito, junto com outras aspirações, outros sentimentos, outras resoluções e uma explicação final do voto que eu já fiz. Aqui estou eu, pronto para dar conta de tudo o que está me pedindo. Estou pronto para lhe dar conta de tudo, não somente das coisas externas, mas também a respeito das coisas internas, a fim de que eu possa me unir a Deus e caminhar com mais segurança para minha salvação eterna.

Penitências e desejos

Geraldo começou com uma lista de suas penitências diárias. Uma vez por semana, aplicava-se a disciplina (autoflagelo). Não raramente, acabava exagerando. Chegava a ficar em carne viva e só parava o autoflagelo quando via o sangue escorrer. Para intensificar ainda mais seu exercício penitencial, ele possuía também uma corrente de pontas, que usava na perna. Tinha também um coração cravejado de pontas, que usava no peito. No almoço e no jantar, tinha o hábito de misturar ervas amargas para estragar o bom paladar da refeição. As quartas e sextas-feiras e os sábados eram de penitência externa na hora das refeições; não raramente, reduzia sua própria refeição. As frutas ele também recusava. A cada sábado, ele jejuava, passando a pão e água em homenagem a Nossa Senhora. Outros Redentoristas de seu tempo, como, por exemplo, o próprio Padre Afonso, também passavam os sábados a pão e água em honra a Nossa Senhora. Muitas dessas penitências eram feitas durante as novenas em preparação para as festas maiores.

Assim, Geraldo resumiu seus desejos mais profundos:

1. Amar a Deus grandemente.
2. Estar sempre unido a Deus.
3. Tudo fazer para Deus.
4. Amar tudo pelo amor de Deus.
5. Conformar sempre com a vontade de Deus.
6. Sofrer muito por Deus.

Vejamos agora algumas máximas curtas que ele usava frequentemente para se lembrar de quem ele realmente era e, particularmente, para fortalecer seu desejo de se tornar um santo.

> Só uma vez, eu tenho a bela possibilidade de me tornar um santo, mas, se eu a desperdiçar, estou perdido para sempre.
> E, se uma vez, eu tiver o poder de me tornar um santo, então...
> O que me falta para me tornar um santo? Tenho todas as oportunidades de me tornar um santo.
> Coragem, então, para desejar ser santo!
> Oh, como é importante para mim me tornar um santo. Senhor, que loucura é a minha!
> De agora em diante, fique mais ciente de que você não se tornará um santo simplesmente por estar em contínua oração e contemplação. A melhor oração é ser como Deus deseja que você seja, curvar-se diante da vontade de Deus, ou seja, estar continuamente trabalhando para ele. Isso é o que Deus quer de você.
> Algumas pessoas dizem que eu zombo do mundo. Oh Deus, o que seria estranho em rir do mundo? Grave seria se eu zombasse de Deus.

Lembretes de um santo para si mesmo

A seção mais longa da regra de vida de Geraldo é ocupada pelo que ele mesmo chama de "lembretes". Muitos deles tratam de detalhes comuns de sua vida diária, mas observá-los da maneira que ele pretendia, provavelmente, envolvia a prática da virtude em um grau heroico. Alguns lembretes envolviam uma vivência mais profunda da regra redentorista. A regra, por exemplo, impunha um período de silêncio de três horas todas as tardes em memória do silêncio na colina do Calvário. Para Geraldo, isso se tornou uma extrema exigência. Ele disse:

> Vou me dedicar durante todo o tempo de silêncio para refletir sobre a paixão e a morte de Jesus Cristo e as dores de Maria.

Vivendo em uma comunidade religiosa, Geraldo certamente sabia como uma palavra descuidada ou raivosa poderia causar dor aos outros. Por isso muitas de suas regras são sobre o uso da língua. Sentiu em sua própria pele o mal que a língua é capaz de fazer a uma pessoa quando foi vítima de acusações falsas contra as quais optou por não se defender, imitando o Jesus silencioso diante de seus acusadores. A esse respeito, assim se propunha:

> Não falarei senão sob três condições: o que eu estou prestes a dizer é para a glória de Deus, para o bem de meu próximo ou para alguma séria necessidade minha. No recreio, não falarei, a menos que me façam uma pergunta ou por um dos três motivos mencionados acima. Cada vez que digo uma palavra que não glorifica a Deus, direi: "Meu Jesus, eu te amo de todo o coração". Nunca falarei elogios a mim mesmo, mas agirei como se não existisse neste mundo. Eu nunca vou me justificar, mesmo se eu estiver completamente certo. Basta que no que me dizem não haja ofensa a Deus nem mal ao próximo (...). Jamais acusarei alguém, nem mencionarei suas faltas, nem mesmo em tom de brincadeira. Sempre defenderei meu próximo e verei nele Cristo, que foi inocentemente acusado. Farei isso especialmente quando a pessoa acusada estiver ausente. Corrigirei a todos, mesmo que seja o padre reitor, quando falar mal do vizinho.

Muitos dos outros "lembretes" são sobre o amor prático pelos outros membros da comunidade. Por exemplo: visitar os confrades doentes várias vezes ao dia, apresentar-se prontamente quando algum trabalho tiver de ser feito, servir, nas refeições, primeiramente os doentes da comunidade.

> Quando eu sentir em mim alguma revolta, buscarei não deixar manifestar-se imediatamente. Assim agirei diante de quem está me corrigindo ou criticando. Vou esperar até que a raiva passe, para reagir com delicadeza (...). Não vou usar frases como "Eu quero", "Eu não quero" ou "Eu gostaria." Desejo apenas o que você, Deus, quer que se torne realidade, não o que eu quero.

A sensibilidade de Geraldo pelo sofrimento privado dos outros também está presente em sua regra de vida. Assim ele escreveu:

> Quando eu souber ou ouvir que alguém está sendo testado pela vontade de Deus, mas não conseguir aceitar o sofrimento ou pedir ajuda, orarei a Deus por ele. Vou me dedicar por ele durante três dias seguidos, para que obtenha do Senhor a graça da conformidade com sua vontade.

Na vida em comunidade, os padres, às vezes, eram pessoas muito difíceis. Geraldo teve mais de um padre superior difícil em seu tempo. Por isso tomou a seguinte decisão:

> Tratarei o padre com todo o meu respeito possível, como se fosse a própria pessoa de Cristo, embora não o seja, e prestarei atenção a sua dignidade.

Vemos uma atitude semelhante em relação às mulheres. Na cultura italiana da época, elas eram consideradas inferiores aos homens. Na vida religiosa, os religiosos foram recomendados a ignorar a presença feminina. Geraldo agiu totalmente diferente: deu a elas atenção e todo o seu respeito e toda a sua consideração. Quanto à devoção a Nossa Senhora, ele mencionou em uma regra de vida o seguinte:

> Cada vez que vejo uma mulher, direi uma Ave-Maria em honra da pureza de Maria Santíssima.

Uma promessa de fazer a coisa mais perfeita

Esse documento conduziu a algo que, ao que parece, o Irmão Geraldo já havia discutido longamente com o Padre Francisco Giovenale: fazer sempre a coisa mais perfeita. Vejamos em suas próprias palavras:

> "Explicação do voto de sempre fazer as coisas mais perfeitas, isto é, o que me parece mais perfeito aos olhos de Deus. Isso se estende a todas as obras, grandes e pequenas, que terei de fazer com maior abnegação e perfeição, como eu vejo na presença de Deus".

Esse "voto de maior perfeição" não foi uma invenção sua. Provavelmente, estava familiarizado com a vida dos santos que fizeram algo semelhante, especialmente Santa Teresa de Ávila, que era tida em alta conta pelo Padre Afonso e seus confrades.

Uma das dificuldades com esse voto, e motivo de os diretores espirituais geralmente tentarem desencorajar as pessoas de fazê-lo, até que tivessem muita experiência da vida espiritual, era que isso poderia levar a escrúpulos sem-fim. Geraldo provavelmente estava familiarizado o suficiente com as advertências nos manuais espirituais de não embarcar em tal voto sem as devidas salvaguardas. Portanto ele disse sabiamente que tudo o que fazia enquanto estava distraído ou não totalmente consciente não devia ser considerado como estando dentro do voto. Embora seu confessor pudesse dispensá-lo do voto, também deixava claro que ele podia pedir dispensa de qualquer pessoa quando estivesse fora de casa.

O voto não foi feito por um jovem agitado, nem em um acesso de entusiasmo, nem com medo de perder a alma. Geraldo o fez de forma consciente. Seu desejo era, tão somente, externar, por meio de seus gestos, sua fé e sua generosidade em Deus.

As cartas

As cartas tem sido descritas como meio de substituir a presença pessoal. Quando as lemos, tem-se a impressão de que estamos escutando o tom da voz de um amigo próximo. Elas externam amizade, ternura e muita tranquilidade, sendo verdadeiros testemunhos de vida. Geraldo escrevia não somente para seus confrades redentoristas, mas também para as irmãs religiosas, os leigos e sacerdotes diocesanos.

Não sabemos, ao certo, quantas cartas ele escreveu durante toda a sua vida. Cerca de 40 sobreviveram, todas escritas entre 1751 e 1755. Apenas alguns fragmentos restaram, provavelmente por terem sido usadas durante muitos anos como relíquias de um homem santo. O maior número enviado a um único destinatário são as 16 cartas dirigidas a uma freira do mosteiro carmelita de Ripacandida, Irmã Maria de Jesus. Sete cartas foram dirigidas para outra Irmã religiosa, Michaela de São Francisco Xavier, e cinco para outras irmãs, todas elas pertenciam ao mesmo mosteiro.

Cartas para um convento em agitação

Ripacandida fica pouco mais de 60 quilômetros de Deliceto. Era um lugar que Geraldo visitava com muita frequência durante suas viagens de arrecadação de fundos. Durante a maior parte do tempo da correspondência entre as irmãs e Geraldo, a comunidade delas estava passando por uma provação difícil. A prioresa, Irmã Maria de Jesus, uma jovem superiora, nasceu no ano de 1725. Em 1751, com apenas 26 anos de idade, começou a receber as cartas de Geraldo, que era um ano mais novo que ela. Essa irmã liderou uma comunidade jovem e muito fervorosa que seguia ao pé da letra os dizeres da regra primitiva do Monte Carmelo, reformada por Santa Teresa de Ávila, na Espanha, uns 200 anos antes. A maior parte dos conventos carmelitas em Nápoles seguia uma forma mais relaxada da regra. O Bispo de Melfi, Teodoro Basta, que residia na diocese de Ripacandida, desejou introduzir essa forma de vida religiosa monástica mais relaxada. Até o Padre Afonso, que pregava o retiro anual às irmãs de Ripacandida e não era simpatizante dessa prática, acreditava que elas estavam interpretando a regra de Santa Teresa de Ávila de maneira muito literal. A radicalidade da observância da lei antiga comprometia até mesmo a alimentação e o sono das freiras. Porém irmã Maria de Jesus e suas jovens companheiras estavam decididas a resistir até o fim aos esforços do bispo.

A primeira carta parece ter sido escrita pouco depois de sua primeira visita ao convento de Ripacandida e bem antes de a disputa entre as irmãs e o bispo se tornar tão séria. Na reunião, Geraldo deu às irmãs a impressão de que era um homem santo e escreveu, entre outros motivos, para corrigi-la:

Mostrei pouca humildade e consideração antes de sua reverência. Eu percebo que sou culpado por essas grandes faltas. Sou forçado a me declarar culpado e a exclamar em todos os lugares: "misericórdia". Desejo, humildemente, pedir-lhe perdão, pelo amor de Jesus Cristo, por causa do meu passado, ou melhor, do presente, pelas loucuras que eu vos disse. Isso é verdade, mesmo que de outras maneiras fosse tudo com o propósito de me declarar como eu sou, para que você pudesse ter pena de todas as suas filhas, já que estou pedindo então a ajuda da reverenda madre para minhas contínuas imperfeições, enquanto espero por suas santas orações e posso justamente fazer a vontade do meu Pai e de todos (...).

Por um tempo, lamentei aquelas palavras que foram ditas durante o recreio no dia da minha partida, porque você havia assumido erroneamente o que eu havia dito a você na simplicidade do meu coração. Graças a Deus nunca tive confiança em mim mesmo, caso contrário, estaria completamente enganado. Foi com muita dor no coração que fui embora. Quando eu estava voltando pela estrada para Melfi, o cavalo fez a curva para Foggia e me tirou seis quilômetros do caminho antes que eu percebesse. Quando percebi, deixei tudo para a paixão divina de Jesus Cristo.

Pouco tempo depois, o Bispo, em um esforço para obrigar as irmãs a aceitarem sua decisão sobre a regra, proibiu-as de se comunicarem com pessoas fora do mosteiro. Geraldo escreveu para a jovem Maria de Jesus, oferecendo seu apoio orante neste momento tão difícil para todas elas:

Por mais indigno que eu seja, não cesso de orar por toda a sua sagrada comunidade religiosa, e para que possa ser uma verdadeira esposa e amante da Santíssima Vontade de Deus. Cada vez que vou para o Senhor, vejo-te sempre do lado Santíssimo e sempre me ofereço inteiramente ao sagrado e ferido coração de Deus por você. Deus conhece meu sentimento que me causa ao vê-la tão aflita. Isso que você está passando não é sofrimento verdadeiro, é claro, mas sim fruto da inveja. Bendito seja o Senhor que as mantém em tal estado para torná-las grandes santas. Agora, seja alegre e não tenha medo. Seja forte e tenha coragem nas batalhas, para vencer e ter um triunfo glorioso em nosso reino celestial.

Não tenham medo de nada. Exceto do que o maligno semeia em nossos corações, porque esse é seu trabalho. É nosso dever não o deixar triunfar em suas obras. Não vamos acreditar nele porque não somos o que ele quer e diz. Isso é apenas para nos assustar e nos fazer acreditar que ele é vencedor em suas obras más.

É verdade que, às vezes, nos vemos confusos e fracos. Mas não há confusão em Deus, não há fraqueza no poder de Deus porque é certo que em nossas lutas a majestade divina nos ajuda com seu poder. E

> assim podemos ser alegres e crescer em força fazendo a vontade sagrada de Deus. E nós abençoamos suas obras por toda a eternidade.

Geraldo estava ciente de que suas cartas e conversas com as irmãs eram tão cheias de afeto que poderiam ter feito as pessoas se perguntarem se essa era a maneira apropriada para um jovem religioso escrever e falar com uma religiosa. Em uma delas, ele garantiu para ela que suas cartas não tratavam apenas de uma autoindulgência sentimental, sentimentalismo ou pieguismo, mas se baseava em um senso real do que implica a vocação das irmãs.

> Não se surpreenda por eu lhe escrever com tanto carinho. A única razão para isso é porque as estimo muitíssimo como noivas verdadeiras de Jesus Cristo, e isso me leva à devoção de conversar continuamente com vocês. Mas a única razão que me comove do fundo do coração é que todas vocês me lembram e representam para mim a Mãe Divina. E eu a estimo como tal. Não sei se alguma irmã pensa o contrário de mim (Deus me livre!). Por isso gostaria que você lesse esta carta em voz alta para todas elas como um testemunho.

Cerca de um ano depois, Irmã Maria de Jesus foi substituída como prioresa por outra irmã na eleição da comunidade. Sendo ela uma jovem mulher que liderou de maneira dinâmica sua comunidade em tempos difíceis, deve ter se perguntado o que levou a não ter sido reeleita e se sua contribuição seria rapidamente esquecida. Em sua carta logo após essa eleição, Geraldo primeiro ofereceu suas felicitações à nova prioresa e depois se voltou para como Maria de Jesus poderia estar se sentindo:

> Você me diz para ir até aí. Sim, querida madre, quando Deus quiser que eu vá, irei de todo o coração para consolá-la. Portanto seja alegre, não se aborreça, pois, se o fizer, você também me aborrecerá. Você me diz que, agora que não é mais a superiora de sua comunidade, todos vão esquecê-la. Meu Deus, como você pode dizer isso? Mesmo que todos se esqueçam de você, seu cônjuge divino, Jesus Cristo, nunca a esquecerá. Quanto a mim, nunca me esqueci de você e nunca esquecerei. E peço-lhe que nunca me esqueça, porque sabe bem o que significa lealdade a um pacto [o Irmão Geraldo e a Irmã Maria de Jesus fizeram um pacto de recordar sempre um do outro na oração e, sobretudo, na comunhão. Agora, tenha grande coragem em amar a Deus e em se tornar uma grande santa. Agora você terá mais tempo, porque não terá mais tantos negócios para tratar como antes.

Uma das irmãs mais novas de Ripacandida, Irmã Maria Celeste do Espírito Santo, era filha de uma família de quem Geraldo era muito amigo. Em uma de suas visitas ao convento, ela perguntou a ele sobre um livro de cânticos que ela queria. Cerca de um ano depois, ele lembrou-se do pedido.

> Minha querida Irmã Celeste do Espírito Santo. Desculpe, não posso escrever uma carta mais longa, pois estou com pressa porque eu tenho de sair e logo serei esperado na igreja. Acabei de me lembrar que, há cerca de um ano, você estava procurando um cancioneiro. Na ocasião não consegui obter nem enviar, mas estava buscando a oportunidade de o conseguir. Agora estou em Nápoles e me lembrei do cancioneiro. Aqui está agora. Cante para que se torne uma grande santa e ore por mim. Seus irmãos têm perguntado sobre você e lhe enviaram os melhores votos. Transmita os meus à priora Irmã Maria de Jesus, Madalena, Batista, Teresa do Amor Divino, Joseph, sua própria irmã, e para todas as outras irmãs.

Cartas para dois jovens

Entre as cartas para amigos leigos, duas são dirigidas a jovens, com tons muito diferentes. A primeira escreveu para o jovem Girolamo Santorelli, de família muito distinta e de menor nobreza, cujos membros mantinham relações próximas com ele, incluindo Nicola, que foi seu médico em sua doença final, e seu irmão padre, Gaetano. Girolamo tentou atrair as atenções de uma jovem chamada Catherine, que era uma "freira doméstica". Como não conseguiu absolutamente nada com ela, resolveu amaldiçoar publicamente os parentes mortos do confessor de Catherine, porque ele pediu para ela colocar um véu preto sobre sua cabeça. Almodiçoar os parentes falecidos era considerado, pela cultura popular do sul da Itália, o pior nível que uma pessoa poderia se rebaixar.

Apesar de sua consideração pela família, tal ataque à honra de uma jovem inocente foi demais para Geraldo. Então ele resolveu escrever para Girolamo uma carta, que, por sua vez, revelou um lado seu bem diferente. Foi-se embora o homem humilde e piedoso, que se sentia em sua própria casa quando estava hospedado em algum convento e falava livremente do amor de Deus, e revelou-se um homem corajoso, muito indignado com o fato acontecido e disposto a enfrentar o público valentão. Ele escreveu assim:

> Honroso Don Girolamo. Eu deveria ter escrito para você antes disso, mas claramente não era a vontade de Deus. Agora estou lhe escrevendo para dizer que nunca pensei que cometeria um ato tão desprezível. É realmente tão difícil acreditar nisso. Como isso aconteceu? Sua honra está doente? O suficiente! Por qual motivo terreno você mandou fitas e pequenas coroas para uma jovem tão respeitável como Catherine? Para falar a verdade, realmente acho muito difícil acreditar

> no que fez. Mas deixe-me dizer-lhe, ela será defendida por Deus e por mim. Tem certeza de que você quer enfrentar o poder de Deus? Pense nisso e observe que esse não é o tipo de coisa que um homem decente deveria fazer. E mesmo que eu esteja longe, lembre-se de que nada é impossível para Deus. Além disso, você é tão atrevido a ponto de amaldiçoar os mortos do homem que colocou o véu preto na cabeça de Catherine? Olhe, você sabe o quanto gosto de você, mas por que você se rebaixou tanto? Estou pronto para perdoar-lhe, porque você é um jovem e está em uma idade em que as pessoas não pensam muito sobre o inferno ou a perda infinita de Deus. O mais indigno servo e irmão de Vossa Senhoria em Cristo, Geraldo Majela do Santíssimo Redentor. Nápoles, 16 de maio de 1755.

A última carta, escrita um mês antes de sua morte, foi endereçada para Isabella Salvatore, cuja família morava na cidade de Oliveto, cerca de 16 quilômetros de *Materdomini* e era amiga íntima de Geraldo. Foi em sua casa que ele conheceu a jovem Isabella Salvatore, e ela lhe confidenciou seu desejo de entrar para a vida religiosa. Ela deve ter hesitado, já que a carta visa fortalecer sua resolução. Ele começa contando o seguinte: "Eu te amo em Deus, não fora de Deus. E, se minha afeição fosse um pouco fora de Deus, eu seria um canalha do inferno!" E completava:

> E assim como amo você, amo todas as criaturas que amam a Deus. E, se eu soubesse que uma pessoa me ama fora de Deus, eu a amaldiçoaria em nome do meu Senhor, porque nosso afeto deve ser purificado, amando tudo em Deus e não fora dele. Mas vamos ao que interessa. Você vê como eu agi assim! Porque eu lhe digo que você faz o que eu insisti que você fizesse, você dará consolo contínuo a meu Deus e a mim. Minha filha, basta amar a Deus somente e nada mais. Portanto, eu imploro livre-se de todas as paixões e todos os apegos mundanos e abrace tudo em Deus. Coragem, querida menina. Dê o passo final para ser totalmente de Deus. Que lindo é pertencer totalmente a Deus! Quem já amou sabe disso muito bem. Experimente você mesmo e então me dirá: "Do que adianta amar as coisas do mundo, exceto para encontrar tribulações e amarguras o tempo todo". Em frente! Não procure mais nada. De agora em diante, seu coração tem de ser totalmente de Deus. E, quando entrar qualquer paixão ou outra coisa que não seja da vontade Dele, diga dentro de si: "Deus, meu amado, tomou-me como meu mestre. Por essa razão, não há lugar para outros que não seja meu Deus. Então sumam, desapareçam todos vocês, que não são meu Deus ou meu esposo divino".

"E seu testemunho é verdadeiro"

Das poucas páginas de sua regra de vida e das cerca de 40 cartas que sobreviveram, alguns reflexos da alma de Geraldo permanecem visíveis depois de mais de 250 anos. Alguns aspectos de seu caminho para Deus podem parecer estranhos, ou mesmo desanimadores para nós hoje. Mas devemos lembrar que ele foi um filho de seu tempo, assim como nós somos filhos de um tempo muito diferente do dele. A penitência física severa e autoinfligida pode parecer estranha para nós que hoje vivemos no conforto do século XXI. Para Geraldo e para os homens e as mulheres de seu tempo, era uma forma de trazer para a vida a realidade da paixão de Cristo. Os sofrimentos do Senhor foram para eles o sinal visível do amor de Deus, assim como o foi para o apóstolo Paulo, que pôde assim escrever: "Fui morto na cruz com Cristo. Eu vivo, mas já não sou eu que vivo, pois é Cristo que vive em mim. E esta vida que agora vivo, eu a vivo pela fé no Filho de Deus, que me amou e se entregou por mim" (Gl 2,19-20).

Em uma Igreja que hoje começa a apreciar mais plenamente o valor da vida conjugal e o chamado à santidade de todos os seus membros batizados, o senso de Geraldo sobre a importância da vida religiosa, especialmente para as mulheres, pode parecer estranho. Novamente, devemos reconhecer que ele foi moldado por uma época que considerava a vida religiosa uma vocação superior. Não podemos culpá-lo por uma visão tão limitada, mas é necessário lembrar muitas de suas amizades com os leigos casados e solteiros, a começar pelos membros de sua própria família e seus vizinhos da pequena cidade de Muro.

Provavelmente o mais exigente para Geraldo, como ainda é para nós, foi a luta diária de viver com uma generosidade que não excluía ninguém. A grandeza de seu coração pode ser vista tanto no bilhete que escreveu para a jovem noviça, que lhe pediu um livro de cânticos, como na carta que ele escreveu para o jovem que o decepcionou e também a sua família. Essa carta é o exemplo de um amor zeloso, pois defendeu a honra da jovem Catherine, que foi humilhada por ele publicamente, e também disse ao jovem que a mão aberta e o coração do Deus misericordioso ainda o estavam esperando.

A jovem irmã Maria de Jesus pode ter resistido ao Bispo e teve sucesso com as orações de Geraldo, mas ele sabia que até mesmo uma jovem e determinada freira poderia sentir que sua comunidade lhe devia mais do que ela recebeu; as irmãs a decepcionaram. Geraldo sempre soube que o coração da jovem era grande demais para ficar desanimado por muito tempo e então estendeu a ela suas mãos para ajudá-la a se levantar.

A jovem Isabella, tendo sentido pânico ao se aproximar a hora de sair de casa para ir para o convento, onde passaria o resto de seus dias, também foi encorajada por Geraldo, que a ajudou a se lembrar que ela nem sempre se sentiu assim e que a vida no convento era o início de um caso de amor com Deus.

Geraldo estava se aproximando do fim de sua vida. Seu tempo de vida religiosa redentorista durou pouco mais de seis anos, mas nele encontrou algo do amor que pôde contar a Isabella para ajudá-la em seu discernimento vocacional.

7
Muito jovem para morrer?

Após cerca de três meses em Nápoles, Geraldo voltou para sua comunidade religiosa de *Materdomini* a tempo da festa da igreja local: a Natividade de Nossa Senhora, em 8 de setembro de 1754. Ele estava com 28 anos de idade. Em pouco mais de um ano, lamentavelmente, estaria morto. O Superior da comunidade de *Materdomini* era um jovem redentorista, Padre Gaspar Caione, que tinha apenas 32 anos de idade e três anos de congregação redentorista. Ele seria o primeiro a escrever sobre a vida do Irmão Geraldo; isso explica o porquê de esses últimos meses de sua vida provavelmente serem os que possuem os melhores registros.

Padre Afonso nomeou o Irmão Geraldo ecônomo da comunidade, com responsabilidade especial pela construção do novo convento, que ainda não estava concluído, bem como pela horta. Um estudante de 21 anos de idade, chamado Pietro Picone, que, como Geraldo, sofria de tuberculose, foi enviado para a comunidade redentorista de *Materdomini* na esperança de que o ar e a tranquilidade do lugar pudessem lhe fazer sentir-se melhor. Geraldo se ofereceu prontamente para cuidar de Pietro. Apesar de também ter tuberculose, visitava-o frequentemente durante o dia e, durante a noite, levantava-se e ia ver se ele não estava sozinho. Mesmo que os negócios da comunidade o tenham levado de volta à cidade de Nápoles, ele voltou para ajudar o jovem em seus últimos dias de vida.

Alimentando os famintos

O convento redentorista de *Materdomini* fica localizado no topo de uma pequena colina com vista para a cidade de Caposele. São quase 600 metros acima do nível do mar em uma região rodeada por cadeias de montanhas ainda mais altas.

(PÁGINA AO LADO) **SANTUÁRIO DE SÃO GERALDO, NA MODERNA MATERDOMINI**

No verão, o cenário é incrivelmente bonito, mas os invernos costumam ser bastante rigorosos, com ventos cortantes acompanhados de fortes quedas de neve. No ano da chegada de Geraldo, a colheita foi bastante afetada. Os meses de inverno continuaram úmidos e frios. Com essas condições desfavoráveis, o fim não foi outro senão a fome. No mês de janeiro, a fome reinou nesse distrito.

Uma de suas tarefas ali era atender os visitantes na portaria do convento, cuja maioria era muito pobre e estava em busca de comida ou roupas mais quentes para se proteger do duro inverno. Apesar do estado crítico de sua saúde, ele sempre conseguia encontrar alguma coisa para manter essas pessoas aquecidas, mesmo que isso significasse dar suas próprias roupas e invadir o guarda-roupa do convento em busca de lençóis e cobertores. Ele também deixava sempre acesa uma lareira no salão para que os visitantes pudessem se aquecer enquanto esperavam a comida fornecida diariamente.

Eram pessoas com frio e com fome que batiam na porta do convento, e muitas delas ou eram idosas ou cuidavam de bebês ainda muito pequenos, que dificilmente conseguiam ficar na fila organizada enquanto a comida era distribuída. Em um dia de muita fome, alguns tentavam voltar para o fim da fila para receber uma segunda porção. Para os redentoristas que reclamavam desse comportamento desordenado, Geraldo simplesmente dizia: “Deixe-os em paz. Eles são ladrões, mas Jesus Cristo gosta deles! Não se preocupem. Há o suficiente para todos!” Havia pessoas que sentiam fome, mas eram muito orgulhosas para admitir isso. Geraldo ia a procura destas e, silenciosamente, colocava comida a seu lado.

Um de seus quadros mais conhecidos foi pintado para a cerimônia de sua beatificação. Ele retrata uma cena na portaria do convento durante aquele terrível inverno. Pessoas pobres de todas as idades reunidas esperando comida. No fundo da pintura, podem ser vistas as montanhas cobertas de neve. Há também outro Redentorista servindo sopa quente na portaria. Na frente de Geraldo, que está em êxtase, com os pés fora do chão, há um músico cego segurando sua flauta.

Diz a história que ele havia pedido ao cego que tocasse um hino popular feito por Santo Afonso, chamado “It tuo gusto, non il mio” – “A sua vontade, Senhor, não a minha”. Enquanto o homem tocava, Geraldo ficou tão dominado pelo pensamento de que entre aqueles pobres e famintos Deus estava presente que ele foi literalmente arrebatado. Quando mais jovem, ficava maravilhado com a visão da bela imagem da Santíssima Virgem Maria ou com uma representação dramática da paixão de Jesus. O que parecia impressioná-lo agora era a verdade do Evangelho lhe dizendo: “O que vocês fizerem a algum dos meus menores irmãos, a mim o farão” (Mt 25,40). Será que tudo aconteceu realmente assim? Bom, os relatos são um pouco confusos, mas mesmo assim essa história compreende a verdade de como ele entendia a realidade de Deus.

A comunidade de *Materdomini* não era rica. Algumas vozes ansiosas e descrentes perguntavam de onde viria o dinheiro necessário para o socorro que Geraldo estava oferecendo para aquelas pessoas. Os irmãos

GERALDO EM ÊXTASE ENQUANTO ALIMENTAVA OS POBRES, À PORTA DO CONVENTO

redentoristas, responsáveis pela cozinha e pela padaria do convento, podem ter suspeitado que ele estava pegando alimentos na dispensa da comunidade. O padre Caione tinha uma comunidade para alimentar, mas a fé de Geraldo na providência divina nunca vacilou. Em suas anotações sobre sua vida, o superior disse que, às vezes, ele lhe levava envelopes contendo dinheiro, dizendo simplesmente que, quando atendeu a campainha, os encontrou presos no buraco da fechadura da porta da frente. Quem eram os doadores anônimos? A explicação mais simples é que eram as pessoas em melhor situação da cidade que sabiam o que ele estava fazendo e que seu dinheiro seria bem usado.

Outra turnê de arrecadação de fundos

O inverno rigoroso interrompeu a construção do convento redentorista. Isso significou que na primavera o trabalho seria muito mais intenso para poder concluir a obra o mais rápido possível. O Arcebispo de Conza, em cuja diocese Materdomini estava situada, veio ver a realidade por conta própria. Os Redentoristas esperavam que fosse dar-lhes permissão para arrecadar mais fundos para a construção do convento. O arcebispo veio na companhia de vários membros de sua equipe, incluindo um clérigo que era muito famoso por suas roupas e maneiras de se comportar. Esse homem não era um padre, mas apenas alguém que possuía as

UMA FOTOGRAFIA ANTIGA DA IGREJA DE MATERDOMINI

ordens menores. Na Nápoles do século XVIII, clérigos desse tipo não faltavam. Na maioria das vezes, eles encontravam um emprego e gozavam do privilégio de serem amigos pessoais de um bispo. Por não terem recebido ordens importantes com a obrigação do celibato, alguns deles acabavam se casando. Muitas vezes, isso acontecia sem o conhecimento do Arcebispo. O clérigo que acompanhou o Arcebispo de Conza, por exemplo, tinha esposa e família em Roma.

Um dia, Geraldo encontrou com ele no corredor do convento, chamou-o para uma conversa dentro de uma pequena capela e foi logo dizendo: "Meu amigo, como você pode estar sempre sorrindo enquanto carrega o inferno em seu coração? Você abandonou sua esposa em Roma e agora vive, há algum tempo, com uma senhora de virtude suspeita". O homem confirmou que realmente vivia uma vida dupla, e, diante da confirmação, Geraldo o levou rapidamente a um dos padres do convento para que ele fizesse uma boa confissão. No dia seguinte, quando o encontrou na fila da sagrada comunhão, lembrou-o prontamente de coisas que ele havia omitido durante sua confissão e o levou ao confessionário. O homem contou tudo para o bispo sobre sua vida em Roma e que ele tinha esposa e família. Impressionado com a percepção e agilidade de Geraldo, deu-lhe permissão para fazer uma viagem, a fim de arrecadar mais fundos por toda a sua Arquidiocese, e providenciou a viagem de regresso de seu secretário para Roma.

A saúde de Geraldo era agora um motivo de muita preocupação. O inverno rigoroso não o ajudou muito. Ocasionalmente passou a cuspir sangue. O médico da comunidade, doutor Nicola Santorelli, estava muito preocupado. Para sua surpresa, disse-lhe calmamente Geraldo: "Doutor, você não sabe que vou morrer este ano e vou morrer de tuberculose?" Em seguida, ele disse ao médico: "Rezei a Deus pedindo que morresse de tuberculose". "Por quê?" Perguntou o médico. "Porque, como Jesus, quero morrer abandonado. Em nossa comunidade, damos todos os cuidados aos enfermos, mas ao doente com tuberculose o tratamento é diferente. Devido ao alto risco de infecção e contaminação, o tuberculoso precisa ser mantido em algum grau de isolamento."

O padre Gaspar Caione, Superior dos Redentoristas do convento de *Materdomini*, decidiu que a melhor época para a campanha de arrecadação de fundos seria o mês de julho, durante a colheita, quando os agricultores poderiam doar parte de sua safra para a obra. Embora Geraldo fosse o homem ideal para esse tipo de trabalho, sua saúde estava muito precária. Na esperança de que seu espírito de obediência iria falar mais alto do que sua própria vontade, o padre Caione pensou consigo em dizer o seguinte para Geraldo: "Em nome da Santíssima Trindade, quero que você fique com saúde". Geraldo olhou para o padre Caione e começou a sorrir. Este lhe perguntou o porquê de estar sorrindo. "Sua reverência pode falar mesmo quando não está dizendo nada", disse Geraldo. O padre Caione respondeu assim para Geraldo: "Vá e fique bem". Geraldo respondeu com toda a sua ternura: "Eu quero fazer o que me mandam, vou ficar bem".

Suas viagens para arrecadar fundos nunca foram apenas sobre dinheiro. Como de costume, ficava sempre que possível com amigos da comunidade que estavam muito felizes por tê-lo e ainda mais felizes por trazê-lo para visitar os doentes ou os confinados. No dia 23 de agosto, da cidade de Oliveto, ele escreveu para o padre Caione uma carta, para lhe dizer que, poucos dias antes, enquanto rezava dentro de uma igreja, havia tossido sangue. O médico local não deu a ele a devida atenção e pensou que o sangue estava saindo de sua garganta e não de seu pulmão. Infelizmente, ele passou a tossir sangue com mais frequência. Ele a terminava assim: "Com alegria, querido pai, não é nada. Recomende-me a Deus que sempre e em tudo eu possa fazer sempre sua vontade". Ao que padre Caione respondeu pedindo que repousasse mais alguns dias na casa da família Salvadore e depois, quando estivesse se sentindo melhor, voltasse para *Materdomini*.

A família Salvadore perguntou a Geraldo se ele poderia fazer uma visita a um padre amigo da família, que, após sofrer um colapso nervoso há sete anos, ficou muito doente. Desde então, ele ficou em uma depressão profunda, que o impedia de celebrar a Missa e o fazia passar a maior parte do dia na cama. Seus amigos estavam muito preocupados com ele e haviam tentado, sem sucesso, todos os remédios e médicos conhecidos. Depois eles tentaram remédios espirituais: peregrinações a lugares santos e até mesmo a bênção do santo Redentorista, o Padre Cáfaro. Mas, infelizmente, nada adiantou. Não houve sinais de melhora. Ao tomar conhecimento dos fatos, Geraldo, apesar de sua grave doença, foi visitar o padre depressivo. Durante vários dias os dois conversaram. Sua serenidade e sua paciência foram acalmando o padre doente. No segundo encontro, Geraldo pediu que ele tocasse alguma coisa no cravo. Já fazia anos que o padre não tocava nenhuma canção, mas logo começou a tocar a melodia da Ladainha de Nossa Senhora e começou a cantar com Geraldo. Na manhã seguinte, Geraldo o levou à igreja para a Santa Missa e, em poucos dias, ele celebrou a Missa pessoalmente pela primeira vez em sete anos.

Preparando para o fim

O padre Caione, em seus escritos sobre a vida do irmão Geraldo, descreveu assim seu regresso para *Materdomini*, que aconteceu por volta do meio-dia no dia 31 de agosto. "Geraldo estava bastante abatido e pálido, mas com seu jeito sereno e amável de sempre, de modo que, assim que o vi, mal pude conter minhas lágrimas que inundaram meus olhos". Ele estava muito fraco. Muitas vezes, por causa da alta febre, ficava encharcado de suor e tossia sangue com regularidade cada vez maior. No quarto preparado para ele, foi colocado um grande crucifixo colorido. Várias vezes ao dia, lutava para sair da cama, sentava-se diante do crucifixo e contemplava seu Jesus Crucificado.

Na porta do quarto, escreveu com letras bem grandes: "Aqui se faz a vontade de Deus, como Deus quer e até quando Ele quiser".

O QUARTO NO CONVENTO DE MATERDOMINI, ONDE GERALDO FALECEU

A notícia de que estava morrendo se espalhou rapidamente. Muitas pessoas se dirigiram apressadamente para o convento, na esperança de receber a permissão para vê-lo pela última vez.

O doutor Santorelli um dia lhe perguntou se preferia viver ou morrer. Assim respondeu: "Não cabe a mim escolher viver ou morrer. Eu só quero o que Deus quer. No entanto eu adoraria morrer para poder ir e me unir a Deus, mas ficaria triste por morrer porque não sofri o suficiente".

Uma semana depois de seu retorno, parecia que sua morte estava apenas a algumas horas de distância. Era a vigília da Natividade de Nossa Senhora. Geraldo pareceu se recompor por um tempo. Alguns membros da comunidade suspeitaram que ele poderia ter rezado para adiar sua morte, já que era uma grande festa no Santuário de *Materdomini* e os padres e irmãos redentoristas estariam bastante ocupados com as multidões de peregrinos em busca de confissão e outras atenções espirituais. Por cerca de uma semana, ele parecia em melhor forma e conseguia se movimentar lentamente pela casa e até mesmo ir ao jardim.

Menos de uma semana depois, no dia 14 de setembro, teve o pressentimento de que a Irmã Maria Celeste Crostarosa, sua amiga e prioresa do convento das Irmãs Redentoristinas de Foggia, havia morrido.

Seus últimos dias não foram fáceis. Às vezes, a febre o empapava de suor e até o fazia delirar e ver coisas que o apavoravam muito. O custo dos remédios deu-lhe escrúpulos: como não trouxe nada para a comunidade e, nos últimos sete anos, ela o alimentou e vestiu, por que ela deveria ser sobrecarregada com despesas ainda maiores por sua conta?

Em 16 de outubro, quando o *Angelus* estava tocando, voltou-se para um de seus visitantes, Felipe Gallela, um carpinteiro de Muro e provavelmente um primo seu, e disse: “Temos apenas mais seis horas”. Geraldo usou as horas que lhe restavam para se preparar para a morte. A comunidade se retirou às dez horas, e a casa ficou em silêncio. Ele continuou a rezar, em voz alta. Por volta da meia noite, pediu um copo d’água para o irmão redentorista que estava sentado com ele. Como a jarra de água estava vazia, o irmão teve de encontrar as chaves para poder abrir a porta da cozinha a fim de poder buscá-la. Quando ele voltou, Geraldo parecia estar dormindo de lado. Alguns momentos depois, ele se virou e ficou claro que estava nos últimos momentos. Minutos depois, ele morreu. Era exatamente uma hora da manhã do dia 16 de outubro de 1755. Geraldo tinha 29 anos, seis meses e dez dias de idade.

A comunidade foi chamada para fazer as orações do ritual em seu leito de morte. Na manhã seguinte, o irmão sacristão desceu para tocar o sino da igreja para a Missa da manhã. Em vez de tocar o sino, anunciando que havia ocorrido uma morte, ele fez os sinos soarem alegremente informando para todos que aquele dia era um dia de festa, pois o céu havia ganhado mais um santo.

Durante todo o dia, as pessoas lotaram a igreja do convento onde o corpo estava sendo velado. Por todos os lugares, noticiava-se que “o santo está morto”. A pessoas estavam tão ansiosas para conseguirem uma relíquia, cortando um pedaço de seu hábito, que uma vigilância atenta precisou ser colocada junto ao caixão. A comunidade redentorista decidiu que alguma coisa precisava ser feita para satisfazer a devoção do povo. Foi então que o superior, Padre Caione, abriu uma veia em um dos braços do corpo de Geraldo e retirou um pouco de sangue em uma tigela, na qual o povo mergulhava pedaços de pano para serem guardados como relíquias. Tão grande era a multidão que vinha do campo circundante que seu corpo ficou sem ser sepultado por dois dias, um tempo incomumente longo na Itália.

Nenhum retrato jamais foi feito do Irmão Geraldo durante toda a sua vida. Começou-se então uma busca, para encontrar um artista; o único disponível era um homem que fazia figuras de cera. O artista moldou duas máscaras de cera do rosto do Geraldo. Uma para a Comunidade de *Materdomini* e a outra para a família do doutor Santorelli. Por fim, o corpo foi sepultado na igreja junto à porta da sacristia.

A lápide trazia uma pequena inscrição em Latim:

> Para a maior glória de Deus, Geraldo Majela, um irmão leigo da Congregação do Santíssimo Redentor, cuja simplicidade de maneiras, cujo brilho de inocência e desprezo por todas as coisas terrenas, castigo constante e implícito do corpo, obediência notável, amor perfumado por Deus foram tão atestados por grandes maravilhas e dádivas de graça que parecia na terra um homem do céu ou um anjo vivendo na terra. Nasceu em Muro, no dia 6 de abril de 1726, e morreu no dia 16 de outubro de 1755.

A MORTE DE GERALDO REPRESENTADA NO SANTUÁRIO DE SÃO GERALDO, EM LIMERICK

INRI

8
A lenda de um santo

Escrevendo sobre a vida de Geraldo

Passou-se mais de meio século, após sua morte, para o primeiro relato bibliográfico impresso de sua vida aparecer. Ele não ficou esquecido durante esses 56 anos, pois, poucos meses após sua morte, o padre Gaspar Caione fez um esboço, anotando na margem alguns pontos que ele queria verificar ou desenvolver mais detalhadamente. Ele provavelmente trabalhou nisso por uns 10 anos ou mais, pois um trabalho mais longo foi retomado e incorporado a um manuscrito feito por outro Redentorista, padre Giuseppe Landi. O padre Landi estava escrevendo uma história dos Redentoristas, e o capítulo 42, por sua vez, foi todo ele dedicado à vida de Geraldo. Infelizmente, esse livro nunca foi publicado, mas o manuscrito provavelmente foi concluído por volta de 1783.

Mais tarde, coube a um terceiro Redentorista, padre Antonio Tannoia, que já havia escrito a vida de Santo Afonso de Ligório, a tarefa de preparar a publicação da história do Irmão Geraldo Majela. Ele disse que aceitou a empreitada em forma de agradecimento pela recuperação de uma doença grave da qual fora curado e a qual atribuía as orações de Geraldo. Para escrever sobre sua vida, tomou como fontes principais os manuscritos do padre Gaspar Caione e do padre Giuseppe Landi e os complementou conversando com aqueles que tiveram contato com irmão durante sua vida. Infelizmente, morreu antes que seu livro pudesse ser publicado.

A vida do Servo de Deus, Geraldo Majela, Irmão Leigo da Congregação do Santíssimo Redentor, finalmente apareceu no ano de 1811. O Superior-Geral dos Redentoristas, Padre Pedro Blasucci, ordenou que fosse publicado sem demora. Este

(PÁGINA AO LADO) **UMA PINTURA MODERNA DE SÃO GERALDO DE GIUSEPPE LOMUSCIO**

PADRE GASPAR CAIONE, PRIMEIRO BIÓGRAFO DE GERALDO

PADRE ANTÔNIO TANNOIA, PRIMEIRO A PUBLICAR "VIDA DE SÃO GERALDO"

foi um dos jovens estudantes que acompanharam Geraldo na memorável peregrinação ao Monte Gargano e ao Santuário de São Miguel Arcanjo; ele teria sentido que devia um favor a Geraldo. Seu irmão mais velho, Domenico, que morreu aos 19 anos, era amigo íntimo de Geraldo. Os meninos Blasucci eram naturais de Muro. Além disso, havia uma história, que circulava entre os redentoristas, de que, no topo do Gargano, Geraldo havia predito que um dia Pedro Blasucci seria o Superior-Geral da Congregação.

Mesmo que o Irmão Geraldo Majela tenha morrido com fama de santo, 88 anos se passaram antes que o processo de coleta de evidências para sua beatificação começasse. Havia várias razões para isso. Embora Geraldo fosse mais popular entre as pessoas do que o próprio Santo Afonso, achou-se mais conveniente começar o processo de canonização do fundador da Congregação Redentorista, que morreu no ano de 1787. Seu processo de canonização começou poucos meses depois de sua morte, mas houve atraso por causa da agitação generalizada em toda a Europa após a Revolução Francesa (1789-1799). Afonso foi declarado Beato em 1816 e canonizado em 1839. Depois disso, o caminho para a causa da canonização de Geraldo ficou aberto e foi introduzido no ano de 1843.

Uma causa de canonização é um processo legal complexo que visa estabelecer que reputação de santidade de uma pessoa é bem fundamentada e que ela praticou a virtude em grau heroico. É realizada, nos locais onde residia o candidato a santo, uma pesquisa bastante minuciosa. Tal processo, depois de feito, é entregue a teólogos experientes que aprofundam todas as questões da vida do candidato a santo. No caso de Geraldo, não foi necessário muito esforço, como vimos no capítulo 6.

O próximo passo era coletar evidências daqueles que o conheceram durante sua vida. Quando o processo começou, muitos dos que o conheciam já estavam mortos. A maioria das testemunhas estava passando adiante o que tinha ouvido de outras pessoas que também tinham conhecido Geraldo. Tais como: o depoimento de uma avó, de um tio, das irmãs mais velhas ou das religiosas de um determinado convento onde provavelmente Geraldo tenha se hospedado.

Mais difícil ainda foi ponderar as alegações sobre milagres alcançados por sua intercessão. Essa primeira etapa foi encerrada 50 anos depois com sua beatificação, pelo Papa Leão XIII, em 1893. Sua canonização aconteceu em 1904.

A lenda cresce entre as pessoas

A palavra "lenda" em seu sentido histórico vem de uma palavra latina que significa "algo que deve ser lido". Foi aplicado originalmente à vida dos santos que deveriam ser lidos no Ofício Divino da Igreja para a edificação dos fiéis. Com o tempo, as lendas tenderam a adotar certas características comuns. O mais importante das lendas, é claro, era mostrar como o santo havia sido um discípulo perfeito, seguindo o caminho que Jesus havia mapeado para seus seguidores no Evangelho. Um santo era alguém que praticou em alto grau o amor a Deus e ao próximo. A inclusão de histórias de milagres foi uma forma de provar que o candidato à canonização era alguém aprovado por Deus e que continuava, mesmo após a morte, intercedendo pelos fiéis.

Não existe dúvida de que coisas inexplicáveis aconteceram em resposta às orações de Geraldo dirigidas a Deus, tanto durante sua vida como após sua morte. Comparativamente, poucos devotos dos santos leem suas histórias de vida. No máximo, podem ler um breve relato em um livro de orações ou em uma revista religiosa. Suas histórias são, em sua maioria, transmitidas oralmente ou por meio de imagens que os retratam.

Essa transmissão se dá pela pregação de alguém que tenha feito alguma pesquisa para entender a história que está contando. Entretanto esses pregadores não são os únicos transmissores das histórias dos santos, uma vez que seus devotos, que têm sempre uma história para contar de como sua vida mudou depois de recorrer a seu santo querido, também o fazem. Muitos dizem que, quando estiveram doentes, foram curados depois de rezarem com piedade e devoção ao santo. As mães jovens de hoje, e também os pais, provavelmente aprenderam alguma coisa sobre Geraldo por meio de suas mães, avós, tias e irmãs mais velhas.

A transmissão oral da história de um santo acontece principalmente em uma sociedade em que poucas pessoas sabem ler ou escrever. Isso faz com que haja poucos detalhes com relação ao que se poderia encontrar em um jornal ou livro. Esse foi o caso na Itália rural de Geraldo, pois os contadores não estão muito interessados em datas ou lugares exatos. Um historiador Redentorista moderno, padre Francesco Chiovaro, que se interessou pela história do Irmão Geraldo Majela, lembra-nos que o processo de coleta de evidências para sua canonização em Muro e Conza durou quase treze anos. Os devotos estavam avidamente interessados que ele

GERALDO ENTRE OS POBRES

fosse proclamado Santo, por isso muitos deles se ofereceram para dar testemunho. Mas, como observou um dos principais oficiais do processo de canonização – *o chamado "advogado do diabo"* –, as testemunhas oculares não contribuíram muito sobre os eventos que estavam descrevendo. Elas estavam testemunhando na verdade o quanto profundamente a história de Geraldo havia entrado na alma e na imaginação de pessoas comuns.

Impressionante, continua o padre Francesco Chiovaro, foi a composição social delas. Como era de se esperar, clérigos e redentoristas foram em peso para testemunhar, mas o número de mulheres, religiosas e leigas, que o fizeram, foi ainda mais impressionante, assim como de pessoas da classe média baixa, dos comerciantes e das comunidades agrícolas. Ele concluiu que Geraldo pareceria, antes de tudo, o santo das freiras e das mulheres em geral, dos pequenos agricultores, camponeses e comerciantes. Isso confirmaria o que já sabemos desde o início de sua vida – e pessoas como essas tão simples continuaram sendo as principais beneficiárias de seus milagres, que, na maioria das vezes, eram sobre as coisas que levavam tristezas para as pessoas mais simples, como, por exemplo, controlar uma infestação de camundongos ou ratos, impedir que o vinho se estragasse no barril, curar de doenças e, especialmente, pedir proteção em um parto difícil.

Quando tentamos escrever sua vida, as datas só se tornam relativamente claras depois que entra na Congregação Redentorista (de 1749 a 1755). Não é difícil ver o motivo disso. Em uma congregação de vida religiosa, certas coisas precisam ser registradas – a data de entrada, a data de profissão religiosa, a data que recebeu o hábito religioso etc. Antes disso, é difícil datar certos fatos com alguma precisão. Por exemplo, não se sabe ao certo quando seu pai morreu, quanto tempo frequentou a escola, quando começou a trabalhar para o Bispo.

Todas as informações sobre esses e outros acontecimentos são muito vagas. O que se pode fazer, nesse caso, é adivinhar e nada mais.

O mesmo acontece com os lugares. Quando uma história edificante é contada sobre um santo, as pessoas do lugar onde o santo nasceu, cresceu e por onde passou se sentem, e ficam, importantes também. Tanto elas quanto os lugares trazem para si as glórias do Santo. Algumas histórias de Geraldo entrando em êxtase, por exemplo, estão associadas a certos lugares. Será que elas realmente aconteceram nessas localidades? Ou poderiam ser contadas em várias outras como se tivessem acontecido "ali" ou na "igreja mais próxima?"

É também verdade que a mesma história pode ser contada sobre diferentes santos. Se um santo pode estar em dois lugares ao mesmo tempo, parece quase uma regra que outros também o podem. Existem alguns exemplos disso na vida de Geraldo. O padre Tannoia diz ter ouvido dizer que Geraldo um dia foi visto em Muro e, em outra ocasião, em êxtase diante do Santíssimo Sacramento, na capela dos Franciscanos, em Caposele. Entretanto, em nenhum desses dois acontecimentos, ele sequer saiu de *Materdomini*. Infelizmente, o sacerdote não diz quem o viu nesses dois diferentes lugares, por isso as evidências não são convincentes.

O Redentorista italiano, Padre Nicola Ferrante, um dos biógrafos, submeteu muitas dessas narrações a um exame mais detalhado. Às vezes, por exemplo, a mesma história poderia ser contada de várias formas diferentes. Isso significa também que cada nova versão, por sua vez, recebe um detalhe a mais. Aqui está um exemplo: conta-se que Geraldo estava viajando, quando, de repente, deparou-se com um grupo de pessoas arrastando um grande tronco para a construção de uma nova igreja. O padre Caione dá-nos a primeira versão desse fato, escrito poucos meses depois da morte de Geraldo. Apesar de bastante enfraquecido pelo início de sua doença, ele ajudou a arrastar o tronco até o local onde seria construída a igreja. O que o padre Caione quis dizer foi que Geraldo sempre esteve muito disposto a fazer algo para ajudar a propagar a glória de Deus, por mais que ele se sentisse mal.

A segunda versão dá mais atenção aos detalhes. Ela enfatiza o tamanho do feixe e a impressão que ele causou nas

VITA
DEL SERVO DI DIO
FR. GERARDO MAJELLA
LAICO DELLA CONGREGAZIONE
DEL SS. REDENTORE
DESCRITTA
DAL P.D. ANTONIO MARIA TANNOJA
SACERDOTE
DELLA MEDESIMA CONGREGAZIONE
DIVISA IN DUE PARTI

IN NAPOLI MDCCCXI
PRESSO SALVATORE TROISE
Con licenza de' Superiore

A PÁGINA COM O TÍTULO DA PRIMEIRA VIDA DE SÃO GERALDO, DE PADRE TANNOIA

pessoas com a energia que colocou naquela operação. Quando chegamos ao relato do padre Tannoia, 50 anos depois, encontramos o milagre. Agora não há um feixe, mas vários. Geraldo selecionou para ele carregar o tronco mais pesado, que nem mesmo os bois tinham força para arrastá-lo. Ele amarrou uma corda em torno de si mesmo e, milagrosamente, foi tomado por uma super força e arrastou o pesado tronco, como se fosse um punhado de palha, até o lugar onde a igreja seria edificada. Uma testemunha do processo, um senhor de 90 anos, que ouviu a história por meio do folclore local, afirmou que Geraldo prendeu seu lenço na maior das vigas e a arrastou atrás de si como se fosse um pequeno pedaço de pau. Qual é a verdadeira história? O padre Caione esteve mais perto do acontecimento. Provavelmente, as testemunhas mais idosas florearam bastante os fatos. E cada vez que contavam essa mesma história iam aumentando conforme o interesse dos ouvintes. E essa narrativa que marcou a vida de Geraldo chegou aos ouvidos do padre Tannoia.

Há outra história bastante interessante também contada de duas formas. Na primeira versão, somos informados de que um parente de Geraldo tinha um cordeiro que foi roubado. Quando estava sendo assado no espeto, voltou à vida e foi devolvido a seu dono! Na segunda versão, era um porco que estava sendo cozido em uma panela, quando Geraldo o chamou e ele saltou totalmente vivo!

Outra testemunha no processo de beatificação, Antonio di Cosimo, que foi um irmão redentorista e, mais tarde, entrou para o Mosteiro Beneditino, também contou muitos relatos de milagres. Sua imaginação era bastante fértil: alegou ter 89 anos de idade, quando, na realidade, tinha apenas 62; contou que, durante a peregrinação ao Monte Gargano, Geraldo curou a mãe de um capelão, a qual começou a servi-los, no entanto, não há nenhuma menção à mãe do capelão nos primeiros relatos da peregrinação; relatou que Geraldo fez com que a mula de um estalajadeiro traidor caísse no chão como se estivesse morrendo. Sobre a peregrinação, ele nada poderia saber em primeira mão, pois só entrou na Congregação Redentorista meio século depois que ela havia ocorrido.

Outras vezes, o fantástico se transformou em grotesco no imaginário popular. Conta-se que uma mulher se queixou para Geraldo que era pobre demais para sustentar seus filhos, ao que ele respondeu: "Então, vamos mandá-los para o céu". Em seguida, fez o sinal da cruz sobre os filhos da mulher, que, em dois dias, morreram!

Santos, lendas... e o Evangelho

Por volta da época da beatificação e canonização de Geraldo e por muitos anos depois, sua história de vida começou a aparecer em inglês e em todas as principais línguas europeias. O propósito era aumentar a devoção a ele. Por isso elas enfatizam bastante o milagroso, a natureza heroica de sua vida de penitência e também a qualidade mística de sua oração. Os devotos se inspiraram nas histórias contadas pelo padre Antonio Tannoia, recolhidas durante a pesquisa que ele havia feito, para montar o processo de canonização. O que estava acontecendo é que a lenda, muitas vezes recheada de fatos pitorescos, estava se tornando mais relevante do que a história real de um jovem que foi moldado pelo mundo religioso e social de seu tempo. Levou algum tempo até que fosse possível colocar Geraldo de volta em seu contexto concreto de mundo, de sociedade, de Igreja, de vida religiosa, para melhor compreendê-lo e vê-lo em uma realidade de pobreza, piedade e fé.

REVISTA EM HONRA A SÃO GERALDO, PUBLICADA EM MATERDOMINI, EM 1904, O ANO DE SUA CANONIZAÇÃO

Algo semelhante pode ter acontecido no relato sobre a vida de Jesus. Os quatro Evangelhos surgiram cerca de 40 ou 50 anos após sua morte e ressurreição. Isso não significa, evidentemente, o fim da escrita da história cristã. Muitas outras histórias de Jesus surgiram. Algumas foram especificamente contadas para jogar um pouco mais de luz sobre os "anos ocultos" de sua infância. Como os escritores tinham poucas informações para poderem contar, inventaram os detalhes. Se Jesus fez milagres durante seu ministério público, então, provavelmente também os fez durante os "anos ocultos de sua vida".

Até hoje, existem histórias, contadas pelo povo, que não são oficiais, as quais ressaltam sempre o lado milagroso. Há algumas sobre Jesus e José, seu pai adotivo, que afirmam que eles esticaram um pedaço de madeira muito curto para o trabalho que estavam fazendo na carpintaria. Há outras que dizem que Jesus moldou o barro em uma fileira de passarinhos e, quando ele bateu palmas, os passarinhos de barro ganharam vida e voaram para longe! Em outra versão dessa mesma história, Jesus, bastante travesso, matou um de seus companheiros de brincadeira por destruir seus passarinhos. Os pais irados foram tirar satisfação com Maria e José, e Jesus foi forçado, por seus pais, a trazer o menino de volta à vida, algo familiar das histórias contadas nos Evangelhos.

É fácil ver como essas narrativas surgiram no folclore cristão primitivo. Em certo sentido, destinam-se a edificar e deleitar crianças e pessoas simples, mas baseiam-se em uma compreensão equivocada do que os Evangelhos entendem por milagre. A maioria dos milagres dos Evangelhos são curtos e enfatizam a compaixão de Deus pela condição humana. Abundantes dádivas de pão e vinho, de peixes, de visão ou audição restauradas, de libertação dos poderes demoníacos, que prendem e limitam a condição humana, são símbolos da abundância do dom da vida eterna e do reino de Deus.

Histórias semelhantes foram também relatadas sobre o alfaiate Geraldo. Conta-se que, certa vez, em sua alfaiataria, ele esticou um pedaço de pano, que lhe foi dado para fazer um véu para uma âmbula e um hábito para um dos irmãos. Como o pano não era suficiente para isso, Geraldo, sempre confiante na providência divina, começou a orar com muito fervor, e o pano, que era pequeno, começou a esticar, permitindo que fizesse os dois. Os esforços, sem medida, de Geraldo para alimentar os pobres no rigoroso inverno no ano em que morreu foram lembrados na tradição popular da região de Caposele como sendo um milagre do dom da multiplicação dos pães que encontramos nos Evangelhos. Aconteceu assim, ou Geraldo foi simplesmente uma daquelas pessoas cuja confiança na bondade de Deus sempre encontrará um caminho e cuja bondade era profundamente semelhante a de Cristo?

Contar histórias de milagres não é o propósito do Evangelho. Em seu cerne está uma narrativa de redenção por meio do ministério e da morte e ressurreição de Jesus. Da mesma forma, a vida dos santos não é demonstração de poder milagroso ou de estupenda penitência ou a capacidade de se elevar acima da terra em êxtase durante a oração. O cerne é mostrar como aquele homem ou aquela mulher de carne e osso responderam ao chamado para seguir Jesus, por meio do esvaziamento de si e da compaixão por seus irmãos.

Tentar voltar ao verdadeiro Geraldo não significa ignorar nenhum desses aspectos de sua vida, mas situá-los no contexto de sua época. Sua oração, por exemplo, foi provavelmente mais intensa quando ele teve de viver semanas a fio sem a Eucaristia e experimentar a noite escura do Getsêmani, e não quando sua concentração em Deus veio tão naturalmente que ele parecia envolto em êxtase, embora pudesse fazê-lo alimentando os pobres na portaria do convento. Sua imitação de Jesus crucificado foi mais real quando sofria falsas acusações em silêncio do que quando se açoitava até o sangue à imitação do Senhor flagelado e coroado de espinhos.

Nota do editor: Para um maior aprofundamento sobre as histórias extraordinárias relacionadas à vida de São Geraldo Majela, indicamos a leitura do livro "Os Milagres de São Geraldo Majela", publicado pela Editora Santuário em 2023, e que traz o elenco completo das principais lendas e milagres atribuidos ao santo.

9
Geraldo e o mundo: um santo para as mães, os pais e para todos nós

Santos como São Geraldo Majela têm três canonizações. A primeira, não oficial, ocorre logo após sua morte, quando as pessoas que viveram próximas deles reconhecem que eram indivíduos notáveis e que deixaram uma memória de bondade.

A segunda, a canonização oficial, é quando a Igreja, após longa e meticulosa investigação, reconhece que sua vida é digna de imitação de outros crentes que desfrutam da visão de Deus.

A maioria das pessoas boas e santas nunca chegam à segunda canonização. Talvez seja porque elas eram tão comuns, ou porque sua história não sobreviveu muito depois de sua morte, ou simplesmente porque não havia ninguém interessado o suficiente para fazer o trabalho duro e caro de levá-las ao segundo estágio.

A terceira canonização é quando a comunidade daqueles que creem reivindica o santo como seu, como alguém cuja vida lhe fala, cuja memória a consola e cuja oração lhe dá esperança.

Todos nós conhecemos santos do primeiro tipo de canonização. Familiares, vizinhos e amigos que foram pessoas bondosas, para quem a oração e a vida genuinamente oblativa eram coisas naturais.

O calendário da Igreja é feito de santos do segundo tipo de canonização. Honramos sua memória em seus dias de festa, mas a maioria deles permanece figuras remotas, que não nos impressionam muito.

(PÁGINA AO LADO) **UMA PINTURA MODERNA DE SÃO GERALDO DE CANTIELLO**

Os santos do terceiro tipo de canonização são aqueles poucos que foram aclamados e acolhidos pela grande parte de fiéis. Seus nomes não devem chegar a formar um longa lista. Entre eles estão: São Francisco de Assis, Santo Antônio de Pádua, São Padre Pio, entre outros. São Geraldo pertence também a essa terceira categoria.

Sua memória sobreviveu, em primeiro lugar, entre seus confrades redentoristas e entre as irmãs redentoristas – ele era um membro da família deles. Sua memória também sobreviveu nas cidades, aldeias e nos campos onde viveu – Muro, Deliceto, Caposele, Foggia e outros lugares que conhecemos neste breve relato – e onde sua memória é mais forte.

Só para se ter uma ideia, dois anos depois de sua morte, pequenas imagens do Irmão Geraldo Majela já estavam circulando entre as pessoas que o haviam conhecido, e sua ajuda estava sendo invocada em todos os tipos de necessidades – curar doenças, ajudar no parto, proteger a roça para que a colheita fosse abundante, livrar-se das pragas de ratos ou camundongos.

Do reino de Nápoles ao Cruzeiro do Sul

A aproximação da beatificação e canonização em 1893 e 1904, respectivamente, levou a um aumento da devoção dos fiéis ao Irmão Geraldo. A essa altura, a Congregação Redentorista já havia se espalhado para vários lugares fora da Itália. Ainda nesse período a biografia do Irmão Geraldo estava sendo escrita em todas as principais línguas europeias. A história de sua vida fascinava as pessoas. Onde quer que houvesse uma igreja Redentorista, sempre havia uma imagem ou estátua do Irmão Geraldo. Aquelas igrejas que foram construídas após sua canonização geralmente tinham um altar ou uma capela lateral dedicada a ele.

Em *Materdomini*, onde passou o último ano de sua vida e onde está sepultado, encontra-se o maior Santuário dedicado em sua homenagem. A velha igreja, onde Geraldo servia como zeloso sacristão, foi ampliada logo após sua canonização para atender às necessidades do crescente número de peregrinos. O número continuou aumentando ano após ano, por isso foi preciso construir uma nova basílica para acomodar seus fervorosos devotos.

A velha igreja e o convento redentorista, incluindo o quarto onde Geraldo morreu, foram seriamente danificados por um terremoto no ano de 1980. Tudo foi reconstruído no Museu de São Geraldo Majela anexado a seu Santuário. Outros lugares a ele associados, especialmente a cidadezinha de Muro e Deliceto, também se tornaram centros de peregrinação e devoção.

Um dos maiores e mais antigos centros de devoção a ele fora da Itália é provavelmente a igreja e o convento redentorista em Witten, perto de Maastricht, na Holanda. Lá se produz até uma cerveja em sua homenagem! Alguns países, como o Brasil e os Estados Unidos, têm santuários nacionais dedicados a ele. No Brasil, seu Santuário encontra-se na cidade mineira de Curvelo e, nos Estados Unidos, na igreja de Santa Lúcia, em Newark, New Jersey.

O primeiro Santuário dedicado a São Geraldo Majela, na Irlanda, foi erguido na igreja Redentorista do Monte Santo Afonso, em Limerick, para celebrar sua canonização. Ele, que foi um presente dado por duas generosas benfeitoras, Margaret Teresa e Mary Agnes Kelly, foi projetado pelo famoso escritório de arquitetos Ashlin e decorado com finos mosaicos retratando cenas da vida do santo irmão.

CAPELA DE SÃO GERALDO, MONTE SANTO AFONSO, LIMERICK

A igreja Redentorista em Clonard, Belfast, foi inaugurada em 1911, sete anos após sua canonização. Ela é um Santuário, cujo foco principal é uma estátua esculpida no mármore, feita por Edmund Sharp. Ela encontra-se ladeada por um conjunto de pequenos mosaicos que retratam os acontecimentos da vida de São Geraldo Majela.

A primeira igreja no mundo dedicada a ele foi construída em Wellington, Nova Zelândia, em 1908. Foi fundada pelos Redentoristas Irlandeses. Em comemoração ao evento, foi dado à igreja o quadro de Geraldo alimentando os pobres de *Materdomini*, que havia sido pintado para sua beatificação.

Depois, mais igrejas foram erguidas para homenageá-lo em todo o mundo. A primeira igreja Irlandesa, a ele dedicada, que fica em Antrim Road, em Belfast, foi inaugurada no ano de 1956.

Também muitas escolas foram dedicadas a ele: na Irlanda, Belfast, há uma escola para crianças com necessidades educacionais especiais; em Bray, Co. Wicklow, há também uma escola particular; e em Enniskerry, Co. Wicklow, há uma escola nacional dedicada a Nossa Senhora e a ele.

Alguns hospitais nomearam suas enfermarias em homenagem ao santo. Nesses ambientes, invoca-se sua proteção principalmente para as mães e seus bebês na hora e depois do parto. São dedicados a São Geraldo Majela também o *Coombe Women's Hospital*, em Dublin, e o *Universit Hospital*, em *Galway* e um Clube Atlético, em Dundalk, Co. Louth.

As igrejas Redentoristas celebram novenas ou outros períodos de oração em preparação para a Festa de São Geraldo Majela, que acontece em outubro ou outras datas. Em várias acontecem tríduos e novenas. A maior de todas as celebrações no Brasil acontece na Basílica de São Geraldo, em Curvelo, MG, onde se celebra a Oitava de São Geraldo. Nessa cidade, repetiu-se o acontecido em *Materdormini*. No Brasil, também existe uma capela dedicada à "Mãe de Deus", que recebeu o peregrino Geraldo em 1906, dois anos após sua canonização. Este, associado à "Mãe de Deus", transformou a antiga capela em um santuário e Basílica majestosa: centro irradiante de fé e espiritualidade cristãs. O conjunto arquitetônico, embora não apresente uma originalidade nem seja de um estilo puro, antes um misto de neorromano e nórdico da Europa, constitui, em seu todo, um acervo de inestimável valor artístico. É um monumento de fé e piedade que convida e inspira a prece a todos que o visitam.

SANTUÁRIO DE SÃO GERALDO, CONVENTO CLONARD DE BELFAST

Em alguns países, como na Irlanda, no Reino Unido e na Austrália, a Liga da Família de São Geraldo Majela promove orações pelas famílias.

Os Redentoristas australianos divulgam sua devoção por meio das páginas da revista *The Majellan*.

A Internet também está sendo usada para promover essa devoção por meio de sites como "The Mother's Saint" *(*https://themotherssaint.org*)*, administrado pelos Redentoristas da Província Americana de Denver. São Geraldo Majela tem até sua própria página no *Facebook*! Também é possível ter informações sobre a novena no site da Basílica de São Geraldo, em Curvelo, MG (https://www.basilicasaogeraldo.org.br).

ALTAR DO SANTUÁRIO DE SÃO GERALDO MAJELA, EM CURVELO, MG.

O santo para mães (e pais) e seus bebês

Pouco depois de sua morte, Geraldo foi considerado, de forma muito especial, o protetor das mulheres grávidas e também de seus bebês. Nessa época, não era muito comum ter um jovem religioso como um protetor celestial de gestantes e de recém-nascidos.

A gravidez, o parto e os primeiros anos de vida eram especialmente difíceis no sul da Itália, no século XVIII. Não havia maternidades, medicamentos para aliviar a dor do parto, e o conhecimento médico da gravidez era rudimentar. Dava-se pouca importância à higiene básica, o que resultava em doenças causadas por infecções na época do nascimento, as quais eram uma ameaça constante para a vida de mães e bebês.

Estima-se que apenas cerca de três, em cada quatro, recém-nascidos chegavam a seu primeiro aniversário. Muitas vezes, as mães morriam durante o parto. A maioria das crianças nascia em casa com a ajuda de uma parteira. Nas cidades maiores, por exemplo, como Nápoles, havia hospitais infantis, que eram para o cuidado dos bebês abandonados. Muitas mães que não tinham condições de cuidar de seus filhos os colocavam, secretamente, em uma roda na entrada do hospital. Essa criança abandonada pela própria mãe era então cuidada até ter a idade suficiente para trabalhar.

Para compreender melhor o papel de São Geraldo como o patrono das mães e seus bebês, precisamos voltar à história de sua própria vida na pequenina cidade de Muro. Seu próprio nascimento, provavelmente, não tenha sido fácil para a dona Benedita. Ela já tinha perdido um filho, que se chamava Geraldo Majela, na primeira semana de vida. O nome de nosso estimado santo foi dado a ele para homenagear seu irmão que morreu uma semana depois que nasceu. Quando Geraldo se tornou um adolescente, suas irmãs se casaram e também tiveram seus próprios filhos.

NOSSA SENHORA DA CONSOLAÇÃO, DELICETO

A *mamma* (mamãe) ocupa um lugar muito especial no coração de todos os italianos. Em termos espirituais, todas as características atraentes da mãe terrestre foram aplicadas à mãe espiritual, Maria, a Mãe de Jesus. Geraldo passou boa parte de sua vida religiosa em dois importantes santuários dedicados à maternidade da Santíssima Virgem Maria. Em Deliceto, no santuário dedicado a Nossa Senhora da Consolação, há sobre o altar-mor, o quadro, ainda pendurado, que existia na época de Geraldo. Ali é possível ver uma tela de Nossa Senhora consolando o Menino Jesus, oferecendo-lhe o seio. O mundo rural em que cresceu Geraldo não era pudico sobre os fatos básicos da vida, isto é, o nascimento e a alimentação das crianças no seio da mãe não eram algo vergonhoso.

Da mesma forma, o carinho italiano pelas crianças encontrou sua expressão espiritual na devoção ao menino Jesus, o mais concreto testemunho da presença de Deus entre nós na forma de uma criança indefesa, incapaz de fazer qualquer coisa por si mesma.

Santo Afonso recordou este mistério ao compor a canção de Natal italiana mais conhecida: "Tu scendi dalle stele" – "Eis que lá das estrelas".

A devoção ao menino Jesus era uma característica proeminente na vida de oração das primeiras comunidades redentoristas. O dia 25 de cada mês era celebrado como uma espécie de Natal mensal, e uma imagem do Menino Deus ganhava um lugar de destaque na capela da comunidade. Essa prática continuou em muitas igrejas redentoristas até a década de 1960.

Várias histórias são contadas sobre Geraldo Majela e famílias que esperam a chegada de seus bebês. Conta-se até sobre um futuro pai. Certa vez, um amigo de Geraldo, o relojoeiro Alexandre Piccolo, que morava na pequenina cidade de Muro, perdeu sua jovem esposa. Pouco tempo depois, ele se casou novamente. Infelizmente, sua jovem esposa, logo após o casamento, ficou gravemente doente. Enquanto fazia um Retiro Espiritual em *Materdomini*, Alexandre ficou muito feliz com a oportunidade de poder colocar suas aflições nos ouvidos de Geraldo. Diante de tudo o que ouviu atentamente, disse: "Anime-se, sua esposa já está grávida de seis semanas e será um menino". Para sua alegria, ele logo descobriu que o amigo estava certo, por isso decidiu chamar seu filhinho de Geraldo. Enquanto esperava o nascimento da criança, murmurava baixinho "Geraldo" e, então, sentia o bebê se mexer em resposta.

Outra família valorizou muito a história de um lenço que Geraldo deixou cair enquanto os visitava. Uma das meninas foi correndo atrás dele para lhe devolver, mas ele apenas sorriu e disse: "Fique com ele, você pode precisar um dia!" Anos mais tarde, quando estava tendo seu primeiro filho em um parto muito difícil, ela imediatamente pediu que lhe trouxessem o lenço de Geraldo para ela. Assim que o recebeu em suas mãos, o difícil parto tornou-se rapidamente tranquilo, e ela deu à luz um lindo e saudável bebê. A partir desse acontecimento, todas as gestantes do bairro pediram o lenço e, para atender a todas, ele foi cortado em tiras. Em alguns lugares, incluindo o Santuário Nacional Americano de São Geraldo, tornou-se costume abençoar lenços especiais com uma imagem e uma oração ao santo protetor das mulheres grávidas, dos pais e dos bebês recém-nascidos.

Os nomes Geraldo, Geralda e Majela são provavelmente fruto das orações a fim de ter um parto seguro. Agradecidas a ele, elas colocam seu nome do santo no bebê que nasceu. Aqui no Brasil, e também fora dele, encontramos várias pessoas com o nome de Geraldo, Geralda ou Majela, por causa do amor que têm pelo Santo.

Os Santuários de São Geraldo Majela e as igrejas redentoristas, dedicadas a ele, atraem muitos jovens pais que estão tentando conceber um filho ou que estão passando pelos meses de gravidez. Eles vão à recepção dos conventos redentoristas em busca de uma medalha, um cartão de oração ou uma bênção com a relíquia do santo. A oferta de flores feitas pelas mães é um sinal visível de que suas orações foram ouvidas.

O que é um santo, afinal?

Ao longo deste livro, refletimos sobre a vida de alguém de uma época e de uma cultura muito diferentes da nossa. Mas há acontecimentos ou situações que não são assim tão diferentes dos que experimentamos em nosso dia a dia. Certa vez, perguntaram para uma garotinha que se preparava para o sacramento da confirmação o que é um santo. Ela achou difícil responder com palavras, mas olhando para os santos dos vitrais da igreja disse: "Um santo é alguém através do qual a luz brilha".

Geraldo é exatamente isto: um ser iluminado, um homem que contribui para que a luz de Deus brilhe nos lugares sombrios de nossa vida, naqueles lugares problemáticos onde, às vezes, preferíamos não ir. Foi um homem agraciado com uma sensibilidade extraordinária para ler o coração das pessoas. Frequentemente, escutava-as. Em seguida, após fazer suas considerações, encaminhava-as para que pudessem buscar o Sacramento da Reconciliação. Por isso ele, além de ser o santo da família, é também conhecido como o "santo da boa confissão".

Uma de suas características mais marcantes não é sua capacidade de fazer milagres, mas a de fazer amizade com todas as pessoas que encontrava. Todos que conhecia se tornavam seus amigos: os meninos de sua época de escola, em Muro, filhos de vizinhos, moças vivazes querendo entregar sua vida a Deus, mães e pais de família, jovens membros de sua própria comunidade religiosa, irmãos e padres mais velhos e sábios, agricultores pobres, o médico da comunidade, a pequena nobreza que lhe deu uma cama para a noite em que pedia fundos... a lista é interminável. Foi por meio de amizades como essas que Geraldo levou a luz de Deus.

GERALDO NA GLÓRIA CELESTE

Apêndice

ORANDO COM SÃO GERALDO

COMO USAR ESTE LIVRO

1. Para aprender mais sobre Geraldo Majela

Muitas pessoas rezam a São Geraldo em momentos de necessidade, mas não têm certeza de quem ele realmente é. Esta curta biografia pode ajudar você a ter uma imagem mais clara sobre ele, a conhecê-lo no contexto de sua família, seus amigos, seu tempo, do lugar onde viveu e da comunidade religiosa em que viveu seus últimos seis anos de vida.

2. Como parte da novena anual de São Geraldo Majela

Muitas pessoas que assistem à Novena de São Geraldo ou que a seguem pela Internet de uma das igrejas redentoristas podem gostar de usar este livro durante os nove dias de oração. O livro, que pode ser lido em casa ou até na igreja, enquanto espera a missa ou da novena e que está didaticamente dividido em nove capítulos, levará você às principais partes da vida de Geraldo.

3. Como parte da novena particular ou familiar

Às vezes, as pessoas podem querer fazer uma Novena a São Geraldo Majela fora do tempo oferecido pela Igreja. Pode haver um bebê a caminho, por exemplo, ou as pessoas podem querer agradecer a Deus a graça alcançada pela intercessão de São Geraldo. Lembre-se de que os santos não são mágicos que trabalham independentemente de Deus. Não os subornamos para ouvir nossas orações. Nós os convidamos para orarem conosco, e eles, com seus bons exemplos de vida, muito nos ajudam a melhorar nosso jeito de ser e agir. Podemos ter nossos santos favoritos, assim como temos tias, tios, amigos e amigas favoritos. No entanto, os santos não estão competindo uns com os outros nossa devoção.

Aqui está uma sugestão de como você pode usar este livro para fazer uma Novena particular:

1. **Ler** um capítulo por dia.

2. **Refletir**. Passe algum tempo pensando sobre o que você leu. Se estiver fazendo a Novena em família ou em casal, converse sobre o que leram. Por exemplo, qual é a diferença encontrada na parte mais interessante do capítulo rezado e meditado? O que mais chamou a atenção? Como a vida de São Geraldo se relaciona com sua vida no dia de hoje? Outras questões que forem úteis podem ser formuladas.

3. **Orar.** Convide São Geraldo para orar com você. Procure orar com suas próprias palavras. Em família ou em casal, comece a passar algum tempo sossegado na companhia do santo. Você pode usar uma das gravuras deste livro para lhe ajudar a meditar. Passe algum tempo contemplando a gravura escolhida e vai imaginando a cena e você no meio dela. Em seguida, tente expressar sua oração com suas próprias palavras. Atenção: não precisa ser uma oração muito longa. Os pais podem também ajudar seus filhos a orarem a Deus na companhia de São Geraldo Majela.

4. **Concluir.** Dizendo uma das orações contidas no final deste livro.

ALGUMAS DICAS DE ORAÇÃO BASEADAS EM CADA CAPÍTULO

1. Um santo na família

O que mais o impressionou nos primeiros anos de vida de Geraldo Majela? Que tipo de relacionamento ele teve com seus pais e suas irmãs? Para você quais são as coisas mais importantes dentro do ambiente familiar?

2. Um santo em sua própria terra

O que mais o impressionou na terra (Muro) onde nasceu e viveu Geraldo? Essa cidade é muito diferente de sua cidade natal? Muro influenciou e determinou bastante seu comportamento. Você se sente influenciado cultural, moral e religiosamente pelo ambiente em que você vive atualmente? Quanto à fé de Geraldo Majela, o que mais o impressionou? Você tem devoção à Paixão e Morte de Jesus, ao Santíssimo Sacramento e à Santíssima Virgem Maria? Como a tem demonstrado?

3. Um santo na comunidade

Por que você acha que Geraldo quis entrar para os Redentoristas? Isso foi bom para ele? Como pai, como você se sentiria se um de seus filhos quisesse ser um religioso ou sacerdote? E você, mãe, como se sentiria se sua filha quisesse ser uma irmã religiosa? E você, jovem, o que você acha de se tornar um religioso ou sacerdote? Você, jovem, tem ouvido a voz de Deus o chamando para ser um religioso ou sacerdote ou só tem escutado a voz do mundo e do vento?

4. Em peregrinação com Geraldo Majela

Você acha que Geraldo teria sido uma boa companhia para você se tivesse feito a peregrinação com ele? Por que, às vezes, achamos difícil imaginar os santos como pessoas comuns, humanas? Você já fez uma peregrinação? Tem um lugar especial para melhor orar?

5. Um homem acusado

À luz dos escândalos sexuais na Igreja nos últimos anos, como você acha que os Superiores deveriam agir? O que você achou da atitude do Padre Afonso de Ligório? Diante das acusações, Geraldo permaneceu o tempo todo em silêncio. O que você achou disso? Concorda com aquele ditado popular: "Quem cala consente!" Geraldo agiu certo em ter ficado em profundo silêncio? Esse foi um período muito solitário e sombrio em sua vida. Você já foi acusado injustamente por alguém? Já sentiu esse tipo de solidão e abandono a ponto de pensar que o próprio Deus o abandonou?

6. Geraldo Majela em suas próprias palavras

Ao ler esse capítulo, o que mais o impressionou? Como os escritos de Geraldo abriram para você uma nova janela para ver sua alma? Você ficou surpreso em saber que ele tinha muitos amigos? Se ele escrevesse para você, hoje, uma carta, o que ele lhe diria?

7. Muito jovem para morrer?

Podemos aprender alguma coisa com Geraldo a partir de seu relacionamento e respeito com as pessoas mais pobres? O que você acha da atitude de Geraldo na portaria do convento redentorista de *Materdomini* com aqueles pobres que iam buscar agasalho, comida e um lugar para inclinar a cabeça? Geraldo pegou tuberculose, chegou a tossir sangue. Você acha que ele se deixou abater diante de sua grave enfermidade? Diante de uma doença, como você se comporta? Já teve de lidar com maus diagnósticos médicos? "Fazer a vontade de Deus", qual é o significado dessa frase para você?

8. A lenda de um santo

Você consegue entender a diferença que existe entre a "vida" e a "lenda" de Geraldo? Por que acha que, após sua morte, tantas histórias são contadas por pessoas comuns, analfabetas e pobres? Devemos medir a santidade de Geraldo pelos seus milagres ou pela amizade e pelo carinho que tinha com os mais pobres e abandonados? Você já alcançou algum milagre (graça) por meio da oração e intercessão de um santo de Deus?

9. Geraldo e o mundo: um santo para mães, pais e para todos nós

Por que você acha que São Geraldo Majela continua sendo um santo popular? Já teve motivos para ser grato a Deus por meio de São Geraldo Majela? Você que é mãe já o invocou para proteger você e seu bebê durante e depois do parto? Quais são as maiores necessidades das famílias hoje? Acha que ele seria um bom patrono para o movimento pró-vida? Por quê?

ALGUMAS ORAÇÕES A SÃO GERALDO MAJELA

A oração oficial da Igreja para a Festa de São Geraldo Majela

Ó Deus, que, desde sua infância, quisestes atrair para vós São Geraldo Majela e torná-lo semelhante à imagem de vosso Filho crucificado, concedei que, com sua oração, também nos tornemos mais semelhantes à mesma imagem divina, por Cristo Nosso Senhor. Amém.

SÃO GERALDO DE SEAMUS DEVITT, C.SS.R.

Oração da Novena 1

Deus Todo-Poderoso, desde sua infância, abençoastes São Geraldo com generosidade de alma e o conduzistes a fazer vossa vontade de forma heroica. Por vossa graça, ele viveu sua breve vida em intenso amor por vós e pelos necessitados. Ouvi sua oração agora por nós e por todas as pobres almas em apuros.

São Geraldo, amigo dos pecadores, amigo dos pobres, amigo das mães e dos filhos, é nossa alegria e consolação vir a tua novena para recordar a bondade de tua vida, teu ardente sentido de Deus, teu terno amor a Nosso Senhor Jesus Cristo e a sua mãe, Maria, tua gentileza e teu cuidado para com todos os necessitados. Ora por nós agora em nosso momento de necessidade. Ora por nós em nossa doença. Ora por nós em nossa confissão e nosso desespero. Ora por nós, por nossa luta com a vida e seus mistérios. Lembra-te especialmente daqueles que desejam ter filhos e das mães que estão prestes a dar à luz. Lembre-te daqueles que se desviaram da prática da fé e precisam da graça da reconciliação. Lembre-te de todos nós, pobres pecadores, e de nossas necessidades particulares. Amém.

Oração da Novena 2

Deus Todo-poderoso e eterno, agradecemos-vos o dom de São Geraldo e o exemplo de sua vida. Porque São Geraldo sempre teve fé e confiança total em vós, que o abençoou com grandes poderes de ajuda e cura. Por meio dele, vós demonstrastes vossa preocupação amorosa com todos aqueles que sofreram ou passaram por necessidades. Vós nunca deixastes de ouvir as orações feitas em nome dele.

Hoje, pela poderosa intercessão de São Geraldo, continuais a mostrar vosso amor por todos aqueles que confiam em vós. E assim, Pai, cheio de fé e confiança, e em ação de graça por todas as coisas maravilhosas que nos fizestes, colocamo-nos diante de vós hoje. Por intercessão de São Geraldo Majela, ouvi nossas petições e, se for vossa santa vontade, concedei-las a nós. Amém.

Oração de uma futura mãe

São Geraldo Majela, fostes especialmente sensível às necessidades das mães. Ora por mim e por meu bebê. Pede a nosso bom Deus nos manter felizes e seguros e nos levar a um nascimento alegre. Amém.

UM ÍCONE DE SÃO GERALDO FEITO PELA IRMÃ MAURA WALSH, O.SS.R.

Oração pela paternidade

São Geraldo Majela, tiveste profunda compaixão daqueles que ansiavam por ter filhos. Ora por nós em nosso anseio e leva nosso amor a uma feliz realização. Pede a nosso Senhor e a sua mãe, Maria, que nos abençoem com o nascimento de uma criança. Amém.

Uma bênção para os pais que aguardam o nascimento de um bebê

Pai, seu amor criou a família humana, e seu Filho restaurou sua amizade. Por intermédio das orações de São Geraldo Majela, abençoai [mãe] e [pai] que aguardam o nascimento de seu bebê. Que estejais com eles quando estiverem ansiosos. Observai-os e os apoiai enquanto trouxerem seu bebê a este mundo. Que seja uma criança forte e saudável. Como membros da família, eles possam louvar e glorificar, por meio de vosso Filho, nosso Senhor Jesus Cristo, agora e para sempre. Amém.

CANONIZAÇÃO DE SÃO GERALDO, EM 11 DE DEZEMBRO DE 1904

Oração por uma boa confissão

São Geraldo Majela, durante tua vida, encorajaste muitas pessoas que estavam carregadas de medo e culpa para encontrar o Senhor no Sacramento da Reconciliação. Ajuda-me enquanto me preparo para celebrar esse Sacramento. Dá-me fé para reconhecer que, por meio do sacerdote, encontrarei o mesmo Senhor amoroso e misericordioso, que tranquilizou aqueles que encontrou com as seguintes palavras: "Vá em paz, seus pecados estão perdoados".

Oração para os jovens

Caro São Geraldo Majela, estou na encruzilhada de minha vida. Agradeço o presente de meus pais e amigos. Às vezes, tenho medo do que está por vir. Preocupo-me com o resultado dos exames, com meus relacionamentos e como vou escolher uma carreira. Também estou preocupado com alguns de meus amigos, cuja vida parece uma luta difícil e da qual tentam escapar, por meio de uso de drogas, álcool ou outras formas de comportamento destrutivo. Pede a Deus e a sua mãe abençoá-los e ajudá-los a descobrirem o caminho certo. Segura minha mão em vossa mão e caminha conosco pela estrada, que conduz à vida. Amém.

Oração pelas vocações

Caro São Geraldo Majela, tu seguiste o chamado para entrar na vida religiosa, apesar da oposição, que sofreste, desde o primeiro momento, e da falta de encorajamento. Ora por nossa Igreja hoje, para que nunca faltem homens e mulheres prontos a servir o povo de Deus. Ora especialmente por aqueles que estão tentando descobrir o caminho que devem seguir a fim de escutar o chamado de Cristo. Ora pela bênção de Deus sobre aqueles que se preparam para a profissão religiosa ou ordenação sacerdotal e por aqueles que passam muitos anos em seu serviço e agora estão cansados ou doentes. Amém.

Uma das orações de São Geraldo Majela

Ó meu Deus, quisera eu poder converter tantos pecadores na quantidade das areias na praia, de folhas nas árvores e nos campos, dos átomos no ar, das estrelas no céu, dos raios de sol e da lua e todas as criaturas da terra!

Meu querido Deus, meu único amor, hoje e para sempre me resigno a tua vontade divina. Em todas as tentações e tribulações, direi: "Seja feita a santa vontade de Deus!" Aceitarei tudo na intimidade de meu coração e, levantando meus olhos ao céu, adorarei tuas mãos divinas, que deixaram cair sobre mim as preciosas pérolas de teu amor divino.

SÃO GERALDO ENTRE MUITOS OUTROS
REDENTORISTAS NOTÁVEIS

A BASÍLICA DE SÃO GERALDO EM CURVELO, MG

A Basílica de São Geraldo de Curvelo, MG, é reconhecida internacionalmente por ser a única no mundo dedicada exclusivamente a São Geraldo. Com seu conjunto arquitetônico encanta todos pela harmonia das cores e de suas pinturas, obras dos italianos Victorio Guilio e Gine Goretti, primos de Santa Maria Gorretti.

A Basílica de São Geraldo firmou-se como centro de evangelização e espaço que favorece um encontro profundo com Deus e com os irmãos. É como dizem: "Ninguém deixa o santuário sem momentos de reflexão mais aprofundada, sem levar consigo para casa certo sentimento de encontro ou reencontro com Deus, ou uma mensagem de fé e espiritualidade".

A cidade de Curvelo, que abriga o Santuário Basílica de São Geraldo, tornou-se patrimônio cultural e religioso de Minas Gerais. Todos os anos, milhares de romeiros se dirigem para essa terra abençoada para visitar seu santo de devoção.